経済で謎を解く 関ヶ原の戦い

武田知弘

青春新書
INTELLIGENCE

はじめに――「関ヶ原」の数々の謎は、経済でスッキリ解ける

関ヶ原の戦い――

美濃の関ヶ原地域（現在の岐阜県不破郡関ケ原町付近）において、両軍合わせて20万人近い軍勢が激突した、言わずと知れた戦国時代の最終的な覇者を決めた天下分け目の大《おお》戦《いくさ》である。

この関ヶ原の戦いには、いくつもの謎がある。

まずもっとも大きな謎は、これほど大規模な戦いだったにもかかわらず、「たった数時間で、非常にきれいに片が付いてしまった」ということである。

戦国時代というのは、100年以上にわたって大小の合戦が無数に繰り広げられてきた。それらの合戦の多くは、明確な勝敗がつかず、長期間にわたって繰り返されてきたものである。関ヶ原の戦いのように、たった数時間で明確に勝敗が分かれる戦いというのは、あまり例がない。

関ヶ原の戦いは、その過程においても謎が多々ある。

家康は、当時の政治の中心地だった京都・大坂をわざとがら空きにするようにした。そのため石田三成は容易に京都・大坂を制圧している。古来、日本では「関西を押さえる」ことが天下を取ることの第一の条件となっていたにもかかわらず、である。

また家康は、東西両軍の小競り合いが始まっても江戸をなかなか動かず、ギリギリになってようやく進軍している。これも、「先を制す」という軍事の鉄則からは大きく逸脱している。

これらの謎は、実は「経済」を軸に考えていけば、解けていくのである。

経済の面から当時の家康や石田三成、豊臣家などの関係を見ていくと、いままで言われてきたものとは、かなり違う構図が見えてくるのだ。

家康は、すべて計算通りに行っていた。が、だからといって家康は、決して余裕綽々《しゃくしゃく》で戦いを進めたわけではない。むしろ家康は三成に追い詰められつつあったのだ。

本書を読了されたあかつきには、きっとこれまでとは違った「関ヶ原の戦い像」が見えてくるはずだと筆者は考えている。

経済で謎を解く　関ヶ原の戦い◆目次

第二章 大名たちの経済格差を生じさせた朝鮮出兵 37

第四章

実は脆弱だった豊臣家の財政基盤　97

第六章　なぜ関ヶ原の戦いは数時間で終わったのか　148

本文ＤＴＰ・地図&図表作成／エヌケイクルー

第一章　家康が格下の三成を恐れていた理由

◆石田三成は本当に嫌われていたのか

関ヶ原の戦いが生じた要因の一つとして、豊臣家恩顧の大名たちの分裂が挙げられる。関ヶ原の戦いの背景をざっくりいうと、次のようになる。

豊臣秀吉は、天正18（1590）年に天下を統一した後、その2年後の文禄元（1592）年には、朝鮮と明《みん》を征服するとして朝鮮半島に出兵させた。この朝鮮への出兵は足掛け7年におよび、秀吉の死によってようやく終結した。この朝鮮出兵に参戦させられた大名たちは、経済的、人的に大きなダメージを受けた。朝鮮遠征軍の主軸として働いたのは、豊臣家恩顧の大名が多く、戦後の論功行賞などを巡って、彼らは分裂状態になる。

この豊臣家恩顧大名の分裂に乗じた形で、徳川家康が豊臣政権を意のままに動かそうとし始める。それに反発を抱いた石田三成ら、豊臣家の大老、奉行たちが、徳川家康に対して戦いを仕掛ける。

全国の大名は、石田三成の西軍、徳川家康の東軍に分かれて争うこととなり、両者の大軍が激突したのが、「関ヶ原の戦い」である。

この関ヶ原の戦いで特徴的なのは、石田三成は豊臣政権を守るために立ち上がったはずなのに、秀吉の子飼いの大名の多くが徳川家康の東軍に加わったということである。

このことについては「三成の性格に問題があった」という言われ方をすることが多い。

しかし、筆者はそれについては首をかしげざるを得ない。

というのも、三成は、秀吉子飼いの大名からは嫌われていたが、それ以外の大名とは懇意であることが多かったからだ。特に毛利、島津、上杉など、かつて豊臣家とは敵対関係にあった強力な大名家から非常に信頼された。

石田三成は、秀吉の天下統一戦争において、戦後の「後始末」的な役割を担うことが多かった。勝利軍の司令官として、敗北した大名の地に滞在し、あれこれと指示をするのである。

詳細は後述するが、三成は、秀吉の経済官僚として、全国で太閤検地などを行っている。

島津家などでも、三成は自ら検地を行っているのだ。

戦国大名にとって、他者に自領を検地されるというのは、決して喜ばしいことではない。むしろ、屈辱的なことである。三成はそういう、「嫌われ仕事」を多々行っているのだ。しかも、三成は島津家の領内を隈なく詳細に検地し、大幅な「打出《うちだし》（増加分）」を出している。「打出」というのは、これまで把握されていなかった田畑が見つかった、ということである。俗にいう「隠し田」である。

この打出が多ければ多いほど、大名に課される軍役などが大きくなる。だから、大名たちにとっては、詳細な検地をされることは迷惑なことでもあった。

にもかかわらず、島津家は石田三成をその後、非常に信頼することになるのだ。島津家に限らず、三成から検地を受けた諸大名は、だいたい三成に対して深い信頼を寄せている。

また石田三成は、キリスト教関係者にも、非常に信頼されていた。

秀吉がキリスト教の宣教師を国外追放するという「伴天連《バテレン》追放令」を出したとき、三成は京都奉行をしており、宣教師の国外追放などを直接指揮する立場にあった。

三成は、秀吉の命令を履行しながらも、キリスト教徒や宣教師たちに最大限の便宜を図った。そのため、イエズス会の記録では、石田三成はキリスト教徒ではないにもかかわらず、

「恩人」として記されているのである。

◆実は交友関係が広かった三成

むしろ石田三成は、非常に交友関係が広く社交的だったとさえいえる。石田三成と親密だった武将は、けっこう多いのだ。

小西行長や大谷吉継と親友と言っていいような関係だったことはよく知られているが、信州の真田家とも非常に懇意だった。

ご存知のように、真田家は関ヶ原の戦いにおいては、家を存続させるため、父親の昌幸と次男の信繁は西軍につき、長男の信之は東軍についた。

が、三成は東軍についた真田信之と、以前から肝胆相照らす仲だったようである。三成の心情を語った手紙が、真田家に数多く残されているのだ。

真田家では、江戸時代を通じてこの三成からの手紙を大事に保管していた。徳川の世では、石田三成と関係が深かったということは「汚点」であり、三成の手紙などは破棄されることが多かった。が、真田家では、後世まで大事に保管していたのだ。石田三成と真田信之が、かなり親密な関係だったということだろう。

また石田三成が関ヶ原で敗死した後、三成の子の石田重成と辰姫《たつひめ》は、弘前の大名、津軽為信に密かに匿《かくま》われているのだ。

二人の子は津軽為信によって、大事に保護され無事に弘前の地で成人している。

石田重成の子孫は後に弘前藩に重臣として抱えられた。辰姫のほうは津軽為信の次男、津軽信枚《のぶひら》に嫁ぎ、第三代津軽藩主となる津軽信義を産んだ。

当時は、石田三成の子を匿うなどということは、非常に危険なことだったが、それを東北の小藩が行っていたのだ。もちろん、それには津軽為信と石田三成の親密な関係があってこそのことだろう。

このように外に対しては非常に社交的で信頼も厚かった石田三成が、なぜ秀吉恩顧の大名にだけ、これほど嫌われたのだろうか？

それは、簡単に言えば、「出世のしすぎ」ということになるだろう。

石田三成は、秀吉恩顧の大名の中では飛びぬけて出世していた。

よく、石田三成、加藤清正、福島正則らはライバル関係にあった、というようなことがいわれる。

しかし、三者の職責を見たとき、到底ライバルといえるような位置関係ではない。

領国こそ福島正則の24万石、加藤清正の19万5000石よりも少ない19万石だった。しかし、福島正則や加藤清正が秀吉の縁戚であることを考えれば、縁戚でもなんでもない石田三成が19万石ももらっているということのほうが異常だといえる。

しかも、石田三成は、筑前・筑後など豊臣家の直轄領の重要な地域の代官を務めており、兄も堺の奉行を務めるなど、豊臣家の財産を実質的に取り仕切る立場にいた（詳細は後述）。

秀吉からの信頼がもっとも厚かったのは石田三成であり、それは周囲の誰もが認めるところだったはずだ。

言ってみれば、石田三成は、創業者（秀吉）に見込まれて、息子の秀頼が成人するまでの間、社長を任されたようなものである。対する加藤清正や福島正則は、豊臣グループの地方支店の店長に過ぎない。

それが、豊臣恩顧大名たちの嫉妬を招いたのではないか、ということである。

◆日本最大の商業地「近江」で生まれたことの意味

なぜ石田三成は、これほどまでに秀吉に信頼されるようになったのか？

その生い立ちから紐解いていきたい。

日本最大の商業地だった近江

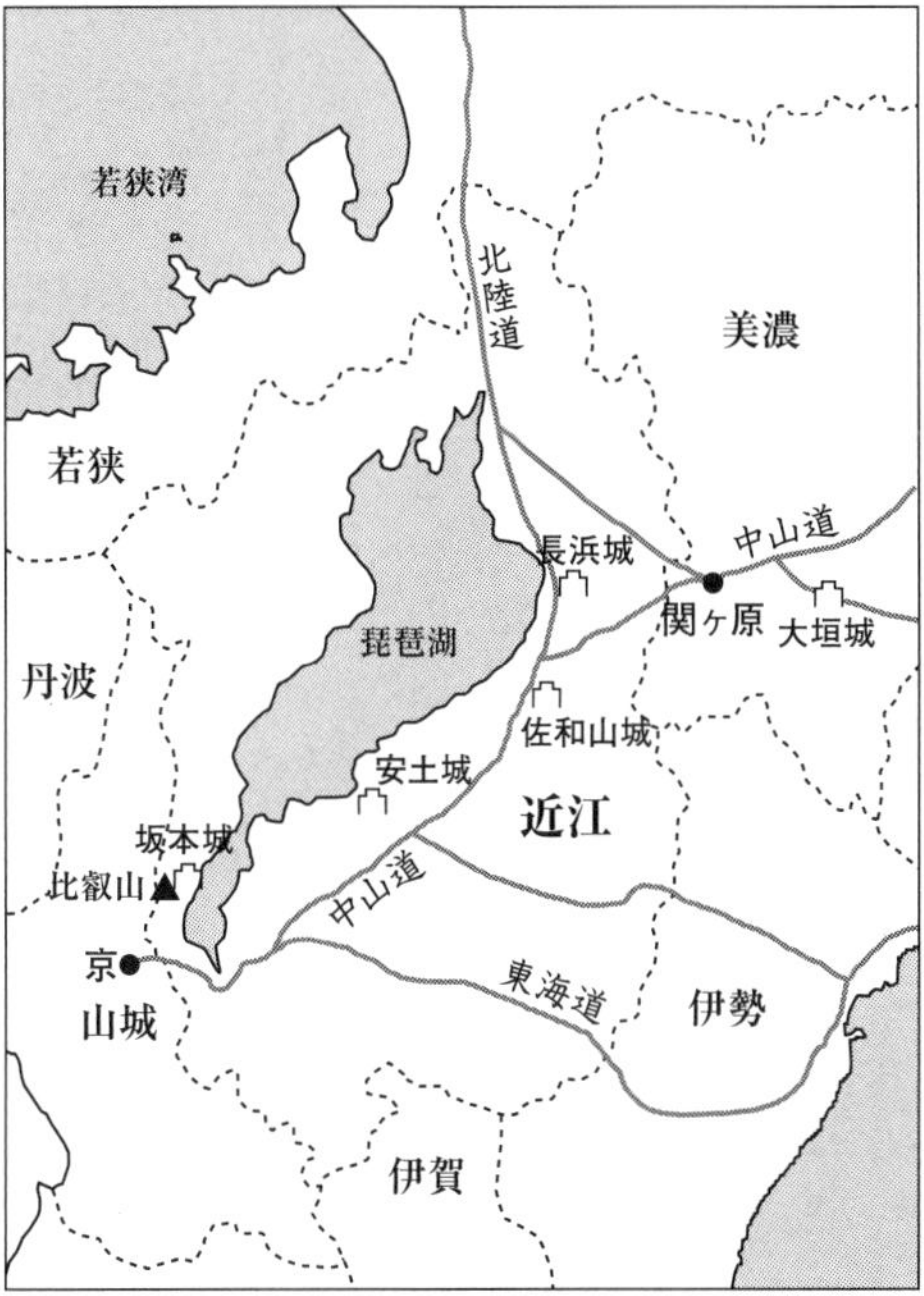

石田三成は、永禄3（1560）年、近江国坂田郡石田村（現在の滋賀県長浜市石田町）で、土豪の石田正継の子として生まれる。

三成が近江出身だったことは、実は非常に重要な意味がある。三成が経済に明るかったのは、近江出身ということも大きく影響していると思われるからだ。

近江というと、現在でこそ琵琶湖周辺の観光地というイメージだが、戦国時代は、日本でもっとも商工業の栄えた地域だったのである。

近江は、古代、大陸からの渡来人が多く移り住んできた場所である。

天智2（663）年、日本は朝鮮半島の百済と同盟を結び、唐と新羅の連合軍に対して戦いを挑んだ。いわゆる「白村江の戦い」である。

この白村江の戦いで日本と百済の連合軍は大敗し、百済からたくさんの亡命者を受け入れたが、その多くは近江に住んだとされている。近江には、陶器や製鉄など、百済の先進的な技術が持ち込まれた。そのため商工業が非常に発達したのである。

また近江は、農地としても豊饒《ほうじょう》だった。

慶長3（1598）年の記録では、近江国は78万石で、全国の国別石高ランキングでは陸奥国に次いで2位だったが、面積比から見れば断トツで近江だったのだ。

しかも近江は、古来から交通の要所だった。京都から真上にのびている琵琶湖は、水上輸送の一大幹線だった。

その琵琶湖に面している近江は、必然的に物流の拠点ともなっていた。近江は南北朝時代すでに「市《いち》」の数が18に達しており、日本一の商業地として知られていた。

そういう大商工業地に生まれた三成には、ビジネス的なセンスが自然と身についていたと思われる。

◆秀吉との出会い

三成は次男だったため、幼少期から寺に入れられていた。

これは当時の武家では、よくあることだった。

近江は商工業の盛んな地域だったので、三成は寺で読み書きだけではなく、算術なども習ったといわれている。そして三成が寺にいるときに秀吉と出会っている。

秀吉との出会いは有名な話なのでご存知の方も多いと思うが、簡単に説明しておきたい。

近江の領主だった秀吉が、あるとき鷹狩に出て、途中、寺に立ち寄り、茶を所望した。

そこで茶を持ってきたのが寺の小僧をしていた三成だった。

三成は、最初の一杯は茶碗に七、八分のぬるめのお茶を持ってきた。秀吉は、もう一杯頼んだ。すると今度は、少し熱くしたものを茶碗に半分程度入れて持ってきた。秀吉はこれも飲み干し、さらにもう一杯頼んだ。三成は、今度は小さな茶碗に熱いお茶を入れて持ってきた。急に熱いお茶をたくさん飲めば身体に悪いという配慮だった。

秀吉はこの三成の気の利き方を見て、寺の住職に頼み、小姓としてもらい受けたのである。

この話はできすぎているので、後世の創作かとも思われる。が、江戸時代の初期からいろんな書物に載っていることなので、似たような経緯はあったのかもしれない。

とにもかくにも、三成は非常に気が利く少年であり、秀吉がそれを高く買って取り立てたということは間違いないだろう。そして、三成は瞬く間に出世し、秀吉が政権を握ったころには、最高幹部の一人となっていたのだ。

◆忍びの使い手でもあった三成

石田三成が、最初に目立った功績を挙げるのは、賤ヶ岳《しずがたけ》の戦いのときである。

賤ヶ岳の戦いというと、「七本槍」が有名である。「賤ヶ岳の七本槍」とは、加藤清正、福島正則など秀吉子飼いの若い家臣たち七人が、この戦で大きな戦功を挙げたというものだ。石田三成はその「七本槍」の中には入っていない。しかし三成は、後方支援業務において、「七本槍」に負けずとも劣らない活躍をしていたのだ。

賤ヶ岳の戦いの当時、三成が戦場付近で諜報活動をしていた記録が残っている。

この記録は、近江の称名寺に残っているものである。称名寺というのは近江の浄土真宗・

尊勝寺の支院であり、紅葉で有名な神奈川県の称名寺とは違う。

　この称名寺では、忍びの者を使って情報収集や宣伝工作を行っていた。

　秀吉と柴田勝家の大戦《いくさ》を前に、山林に身を潜めている地侍や百姓たちに対し、

「秀吉についたほうが安全である」

「秀吉側に加担し、手柄を立てた者は褒美を与える」

　という情報を流させていたのだ。

　この称名寺の忍びの活動を指示・監督していたのが三成だったのである。

　石田三成は、優れた忍者の使い手でもあったのだ。

　三成というと、経理や事務が得意だった文官というイメージがあるが、忍びを使うような「裏の業務」もそつなくこなしたのである。

　また賤ヶ岳の戦いでは、秀吉軍の迅速な行動が勝敗を分けたのだが、それも三成の活躍が大きく関係している。秀吉軍の道中に兵糧《ひょうろう》などを準備し、素早い進軍を可能にさせたのである。

　石田三成は、戦国武将たちがあまりやりたがらない後方支援や、汚れ仕事などを如才なくこなす優秀な副官というタイプだった。そういうタイプの武将は少なかったので、秀吉

にとっては貴重な存在だったと思われる。三成は秀吉の「懐刀」という存在だったのだ。

◆三成最大の功績「太閤検地」

その後、石田三成は、豊臣政権の行政の指揮官的な存在となり、数々の経済政策を遂行することになる。

その代表的なものが、「太閤検地」である。

太閤検地を簡単に言えば、全国の農地を細かく測量し、収穫物の概算を出して年貢の基準を決めたということである。

「なんだそんなことか」

と思った人も多いかもしれない。

しかし、実は近世まで、土地を測量するということは非常に難しいことだった。

古来から農民というのは、代官などの目を盗んでこっそり田を広げたり、隠し田をつくったりして、「年貢のかからない収穫」を増やしてきた。それは一部地域だけの話ではなく、全国的なことなのである。

当然、農民としては、詳細な検地などをされることは望ましくない。

領主はみな検地をやりたかったが、農民の抵抗を恐れて、中世以来、なかなか正確な検地を行うことはできなかったのだ。

しかし、秀吉は詳細な検地を行ったのである。もちろん、それには、高度な政治力や実務能力が必要となる。

石田三成は、この太閤検地の現場指揮を執っていたのだ。

明治初期の歴史家、岡谷繁実《おかのやしげざね》が書いた『名将言行録』には次のような文言がある。


「小田原（を）平らぎて後、秀吉（は）、三成をして諸国を検地せしめる。これによって国の風俗、地の肥せき、人口の多少にいたるまでことごとくこれを知れり」


つまり、「小田原城の北条氏を降した後、秀吉は石田三成に諸国の検地を命じる。この検地により、その地域の風土や、土地の豊饒さ、人口にいたるまで、ことごとく調べられた」ということである。

これは、様々な文献にも同様のことが出てくるので、ほぼ事実だと思われる。少なくとも、太閤検地において石田三成が重要な役割を果たしたことは間違いない。

小田原征伐が終わった直後、秀吉は東北地方の諸藩に対して検地と刀狩を行ったが、この現場責任者も石田三成だったのだ。

天正18（1590）年8月8日、秀吉から三成に下された掟書《おきてがき》が残っている。これは東北地方の検地の際の諸注意というようなもので、「臨時的な課税の禁止」「人身売買の禁止」「刀狩の実行」などの指示がされている。

また三成は、島津藩や佐竹藩でも検地を行っている。

これらの記録を見ると、三成が、九州から東北まで全国を駆けずり回って検地と刀狩を行っていたということがわかるのだ。

このような全国規模での大掛かりな土地の測量は、太閤検地以降、江戸時代を通じて行われることがなかった。次に全国的で詳細な検地が行われたのは、270年後の明治の地租改正のときの土地調査なのである。

太閤検地がどれだけ大掛かりで、大変なものだったかということである。もちろん、三成は、秀吉から高い評価を得たはずである。

◆日本の二大港を押さえていた強み

堺、博多というのは、当時、日本を代表する港湾都市であり、豊臣家の富の源泉でもあった。

この二つの港の管理にも、三成は重要な役割を担っていた。

石田三成は、天正14（1586）年、27歳のときに堺奉行を命じられている。

堺は、当時、日本で最大の国際貿易港だった。

堺というのは、もともとは摂津と和泉の国境にあったことから「さかい」と呼ばれていたのが、そのまま地名となったのである。

応仁の乱で兵庫が荒廃したのをきっかけに、堺は遣明船の母港ともなり、さらに大きく発展した。堺は、九州や東南アジアへ続く瀬戸内航路、土佐、南九州へ続く南海航路の起点であり、戦国時代には、日本で最大の物流拠点となっていたのだ。

この当時、堺を訪れたかのフランシスコ・ザビエルは、マラッカの司令官にあてた手紙の中で次のようなことを書いている。

「日本のほとんどの富がここに集まっている」

「堺は日本でもっとも栄えた港なので、ここに商館を建てるべし」

またイエズス会の宣教師たちも、

「堺は広大で執政官による自治が行われている。多くの商人たちがいる繁華なところで、まるでベネチアのようだ」

と述べている。

堺では、問屋などの商人が数多く集まり、両替商などの金融システムも発達した。日本最大の商業都市でもあったのだ。

この重要な都市の奉行に、石田三成は27歳の若さで就いている。いかに石田三成の行政手腕が高かったか、そして秀吉がそれを買っていたか、ということである。

またこのとき、石田三成と同時に小西隆佐《りゅうさ》という商人も堺の奉行になっている。石田三成が行政側の長であり、小西隆佐は商人の代表であり、両者が協力して堺を統治していたということである。

詳細は後述するが、小西隆佐というのは、小西行長の父親である。三成はこの堺の奉行時代に、小西家と懇意になり、小西行長とも生涯の友となったようである。

三成は2年間、堺奉行を務めた後、兄の正澄にその職責を引き継いだ。

三成は全国各地を飛び回る日々であり、堺奉行に専心できなかったのだ。そして兄の石田正澄は、関ヶ原の直前まで堺奉行をしている。

つまり豊臣政権時代の堺は、ほぼ石田一族が支配していたということである。


そして博多も同様だった。

博多は、古代から日本の国際貿易港だったが、戦国の戦乱でたびたび戦火に見舞われて荒廃していた。そのため秀吉は、天正14（１５８６）年と天正15（１５８７）年の二度にわたって博多復興事業を行ったが、二度目のときに石田三成が現場責任者として派遣されていたのである（一度目は黒田官兵衛が中心になって行われた）。

三成は、博多の町割りを新たにし直し、従来よりも広くて整備された町をつくった。これは「太閤町割り」と呼ばれているものである。

さらに三成は、博多の有力商人である嶋井宗室や、神屋宗湛《かみやそうたん》などを手なずけ、豊臣政権に協力させた。嶋井宗室は、博多随一の商人として知られ、千利休や津田宗及《そうぎゅう》とも親交があり、茶人としても知られていた。神屋宗湛も博多の代表的な貿易商で、石見銀山を開発した神屋寿貞《じゅてい》のひ孫にあたる。

博多は朝鮮の役（文禄の役、慶長の役）の際には、重要な兵站《へいたん》基地となった。

三成は朝鮮の役のときには、兵站に関する総責任者的な立場だったが、20万もの大軍を朝鮮に渡らせ、帰還させるという難事業をそつなくこなした。

それは博多商人の協力なくしてはあり得なかったのである。

このように三成は豊臣家の貿易面をも取り仕切っていたのである。

詳細は後述するが、この三成の能力をもっとも恐れていたのは、徳川家康である。そのため家康は、秀吉の死後、三成を目の敵にするようになるのだ。

◆事実上、豊臣家の財務大臣だった

よく知られているように、豊臣政権は、五大老、五奉行によって運営がされていた。

五大老というのは、徳川家康、前田利家、毛利輝元、上杉景勝、宇喜多秀家の五人である。日本全体の政治について大まかな取り決めは、この五大老が行うということになっていた。

一方、五奉行というのは、浅野長政、前田玄以《げんい》、石田三成、増田長盛《ましたながもり》、長束正家《なつかまさいえ》の五人である。この五奉行が、豊臣政権の行政実務を行っていたのだ。

そして、五奉行のもっとも重要な任務は、豊臣家の蔵入地《くらいりち》（直轄領）の管理運営だったとみられている。

秀吉の遺言とされる「太閤様御覚書」にも、「年寄（奉行）五人で蔵入地の算用をするように」と明確に記されている。

つまりは、豊臣220万石の領地と、全国の主な金山、銀山、港湾の管理は、この五奉行が担っていたといえる。

そして、五奉行の中でもっとも有力だったのは、石田三成だった。

筆頭奉行は一応、浅野長政になっていたが、これは年齢による「名誉筆頭」のようなもので、実務的には石田三成が筆頭的立場だったと思われる。

というのも「朝鮮の役」など豊臣家の重大な事業には、常に石田三成が中心的な役割を果たしており、奉行の中で最高の権力を握っていたのは三成だったと見て間違いないのだ。

◆論功行賞にも大きな権力を持っていた三成

石田三成は、秀吉の死後、各大名たちへの論功行賞にも大きな影響力を持っていたと思われる。

さすがに若い三成には、論功行賞を行う直接の権限は持たされていなかった。三成ら五奉行の上には、五大老という機関が存在していたからだ。

が、もし褒賞をする場合、それは豊臣家の直轄領を割いて行われることになる。必然的に、豊臣家の直轄領を管理していた三成の了承が必要になる。となると、三成が間接的に論功行賞を行う権利を持っていたようなものである。

朝鮮の役の後、豊臣家は論功行賞をほとんど行わなかった。

それは、三成の意向が強く反映されていると思われる。

三成としては、

「すでに豊臣家の直轄領はそれほど多くない。家康よりも少ないほどである。秀頼が成人するまでは、これ以上、豊臣家の直轄領を削るわけにはいかない」

ということだったのだろう。

しかし、朝鮮の地で死闘を繰り広げていた大名たちにとっては、「あれだけ働いても何ももらえない」というのは、腹立たしいことだったはずだ。

特に加藤清正は、朝鮮の役全体を通じて主軸の働きをした。領地の肥後半国は朝鮮の役による人的、経済的負担で疲弊し尽くしている。豊臣家から何の手当もないというのは、非常に不満だっただろう。

その不満は、豊臣家の直轄領を管理していた石田三成に向かうことになったのだ。

◆家康が三成をつぶさなくてはならなかった理由

また、前述したように、石田三成の敏腕をもっとも恐れていたのは家康だったと思われる。なぜなら、石田三成は財政にも、外交にも強かったからだ。

秀吉の死後、豊臣家の家臣たちは混乱していた。

秀吉が死去した当時は、日本が朝鮮に大兵力を送っているときでもあり、下手をすれば朝鮮遠征軍が総崩れになる恐れがあった。

しかし、石田三成の手腕などで、大きなトラブルもなく、日本軍は完全撤兵に成功した。

それを見ていた家康は焦ったはずだ。

石田三成は外様大名たちとも懇意にしており、外的な不安要素は少ない。

三成がいる限り、豊臣政権は安泰となる可能性が高い。そして豊臣秀頼が成人すると、豊臣恩顧の大名の結束力も高まるだろう。

天下を狙う家康にとって、チャンスはいましかなかった。

豊臣恩顧の大名の中には、石田三成を快く思っていない者もいる。それをうまく利用し内部の諍《いさか》いを助長させ、石田三成をつぶす。

家康は、秀吉の死後、急に不穏な動きをするようになるが、それはすべて一点に集中されていた。

「石田三成をつぶす」

ということである。

また詳細は後述するが、石田三成は、家康の経済的な弱みを握っていた。石田三成がいる限り、家康は経済的になかなか充実できない状況に追い込まれていたのだ。

だから家康としては、石田三成を絶対につぶさなくてはならなかった。秀吉の死後の家康の行動は、実はすべて石田三成をつぶすことに主眼が置かれていた。関ヶ原の戦いもその延長線上にあったのだ。

第二章　大名たちの経済格差を生じさせた朝鮮出兵

◆「関ヶ原」の伏線となった加藤清正と三成の対立

関ヶ原の戦いの要因としては、「秀吉対家康」という大きな対立軸がある。それともう一つ、「石田三成対秀吉子飼いの大名たち」という対立軸も大きな要因となったのである。

というより、家康が「石田三成対秀吉子飼いの大名たち」という対立軸を巧妙に利用して、関ヶ原の戦いに持ち込んだといえる。

そして石田三成と対立した秀吉子飼い大名たちの中でも、特に加藤清正との対立は激しいものがあったとされている。加藤清正は秀吉の子飼い大名の代表格ながら、石田三成vs秀吉子飼い大名という構図をつくった張本人のようにも扱われている。

加藤清正が石田三成と激しく対立するようになった直接のきっかけは、朝鮮の役だったとみられている。

「関ヶ原の戦い」の重要な伏線として、朝鮮の役がある。

朝鮮の役というのは、秀吉が天下統一をした直後の天正20（1592）年、「明に攻め入る」として、朝鮮半島に出兵したものである。この朝鮮の役は、途中の停戦期間を含めて足掛け7年におよんだ。

この朝鮮の役において、主軸として働いたのが加藤清正と小西行長である。

加藤清正と小西行長は、朝鮮の役の直前に、秀吉から肥後国を半分ずつ分け与えられている。両者の石高はほぼ同じであり、ほぼ同じ条件で朝鮮の役に参加したといえる。

しかし両者は、関ヶ原の戦いでは、対照的な行動をとる。

加藤清正は、反石田三成の急先鋒として東軍に加わり、関ヶ原の戦いこそ参加していないが（家臣の一部は参加）、九州の地で東軍の主力として働いている。

一方、小西行長は石田三成に与《くみ》し、関ヶ原でも西軍の主力として戦った。親石田三成の象徴的な人物でもある。

両者は、朝鮮の役では同じように苦労していたのに、なぜその後の方向がまったく違っていったのか？

なぜ加藤清正は反石田三成になり、小西行長は親石田三成になったのか？

そこには、たんなる感情論だけでは説明のつかない「経済的な理由」があったのだ。

本章では、加藤清正、小西行長らにとっての朝鮮の役と、その経済状況について迫っていきたい。

◆実はそれほど武闘派ではなかった清正

加藤清正は、永禄5（1562）年に、尾張国中村の刀鍛冶の息子として生まれている。秀吉の母と、清正の母が従妹だった関係で秀吉の小姓となる。

秀吉にとっては数少ない「一族郎党」の一人である。

加藤清正というと、朝鮮での虎退治などの逸話が示す通り、「武闘派」「武骨」というようなイメージがある。文官として出世してきた石田三成に対し、清正は戦場での活躍により頭角を現してきた、というふうに世間では思われている。

が、実は加藤清正の武勲のほとんどは後世の創作だとされている。

前述したように、加藤清正の出世のきっかけとなったのは「賤ヶ岳の七本槍」である。

信長の死の直後、織田家臣同士のライバル争いで、秀吉と柴田勝家が雌雄をかけて戦った「賤ヶ岳の戦い」が起きた。そこで顕著な働きをした七人の武将が「賤ヶ岳の七本槍」といわれている。

この賤ヶ岳の戦いがあったのが、天正11(1583)年4月。加藤清正が21歳のときのことである。清正はこの武功により3000石を拝領することになった。

が、この戦い以降、清正の武功に関する資料は、パッタリなくなるのである。

秀吉は、天下統一まで多々の戦争を行ってきたが、その多くの戦争において加藤清正が「華々しく活躍した」「重要な任務をこなした」というような資料はほとんど残っていないのだ。多くの戦いで清正は、後方支援業務にあたることが多かった。また豊臣家の直轄領の代官なども務めていた。

つまり、加藤清正は文官に近い存在だったのである。

清正の軍人としての功績が見られるのは、ようやく朝鮮征伐のときである。

そして実は「賤ヶ岳の戦い」も、七人の武将がそれほど活躍したというわけでもなく、秀吉の勝利を華々しく伝え、秀吉の子飼いの家臣たちの名前を広めるために、誇大に語られてきたものだともいわれている。

つまりは、真実の加藤清正は、後世いわれているほど「武闘派」ではなかったのである。

◆同じ財務官僚としてのライバル心

そして意外にも加藤清正は、豊臣家では主に文官として用いられてきたようなのである。

加藤清正は、秀吉が関白に就任したとき、主計頭《かずえのかみ》という官職を与えられている。この主計頭という官職は、もともとは朝廷での税収の管理などをする官職のことである。

この官職名をつけられているということは、加藤清正はそれに類した任務を行っていたということが考えられる。

実際、加藤清正は、肥後半国を与えられる以前は、秀吉が各地に持っている蔵入地（直轄領）の代官などをしていたことがわかっている。

天正14（1586）年には、播磨《はりま》国飾東《しきとう》郡（現在の兵庫県姫路市）にあった秀吉の蔵入地合計5032石の代官を命じられている。

またこのころ清正は、和泉国大鳥郡（堺周辺）の蔵入地の代官もしていたようである。

前述したように、堺は当時、日本一といっていいほどの国際港であり、その周辺の地の代官をするということは、財務官としてそれなりに優秀だったということだろう。

が、財務官としての加藤清正には、強大なライバルがいた。

石田三成である。

石田三成は財務官として、清正のはるかに上をいっていた。清正が播磨国飾東郡や堺周辺の蔵入地の代官をしているとき、三成は堺の奉行をしていたのである。

この石田三成と加藤清正は、ほぼ同世代である。

二人は、秀吉が近江の長浜城主だった時代に小姓になったとされている。同時期に小姓になった者には、福島正則もいる。

石田三成は永禄3（1560）年生まれ、福島正則は永禄4（1561）年生まれ、加藤清正は永禄5（1562）年であり、三成と福島正則は1歳違い、清正とは2歳違いなのだ。もちろん、彼らは少年期から激しい対抗意識を持っていたに違いない。

そして田舎侍だった福島正則、加藤清正に対し、三成は都会的な雰囲気、ビジネスセンスを持っており、「田舎者対都会人」の対立のようなものがあったはずだ。

特に加藤清正は、同じ財務官僚として、三成に激しい闘志を燃やしていたに違いない。

この対抗意識が、後年、鋭い対立にエスカレートしていくのだ。

◆大抜擢だった肥後半国の領主

天正16（1588）年、加藤清正は、肥後半国19万5000石（現在の熊本県の北半分）の領主に大抜擢される。

清正は、その前年に四国の讃岐（現在の香川県）の統治を任じられているが、これは一時的な代官としての立場だった。つまり、知行として与えられたものではない。

だから、広い知行地を与えられたのは、肥後半国が最初だったのである。

肥後半国を与えられる前までの清正の知行は、1万石を超えていないとみられる。

それがいきなり19万5000石の領主となったのである。

これは、清正が代官としての手腕を認められたということもあるだろう。

しかし、秀吉の最大の目的は、清正を「唐入《からい》り」（中国大陸進出）の主力とすることだったのだ。つまり、中国進出の先鋒として加藤清正を使いたいがために、その準備として肥後半国を与えたのである。

当初、肥後国は、秀吉の九州攻めが終了した後、佐々成政《さっさなりまさ》に与えられていた。しかし、肥後で大規模な一揆が起こったため、その責任を取らされて、佐々成政は領主を解任され、切腹までさせられた。

その後釜として、肥後の北半分を加藤清正に、南半分を小西行長に与えられたのだ。

秀吉は、この二人を「唐入り」の主力にしようと構想しており、兵の動員や兵糧の調達がしやすい九州に大きな領地を与えたのである。

◆清正の優れた経済感覚

そのことは加藤清正も重々承知していたようで、肥後に入ると同時に精力的に財政強化に取り組んだ。

天正17（1589）年には、領内の「私検地」を実行した。

肥後では前年にも豊臣方による検地が行われているが、これは短期間で済まされており、「差出検地」だったとみられている。差出検地というのは、農民や地元の役人が、農地の広さや収穫量を自分で測って報告するというものである。

いわば「自己申告制」の検地である。

が、清正が行った私検地は「自己申告制」ではなく、清正の指示によって詳細な実測検地が行われた。つまり、清正は、公的な太閤検地が終わっていた肥後国に対して、さらに厳密な検地を行ったということである。この私検地により、清正領の石高は入国前の検地よりも20～30％増量となった。

また清正は、海外貿易にも乗り出している。

前述したように、清正は以前、堺周辺の代官をしていたこともあった。堺は、日本最大の国際貿易港であり、貿易がいかに大きな利益を生み出すかということを肌で知っていたのだろう。清正は海外の事情にもかなり詳しかったようである。

当時、日本の主な貿易相手だったスペインは、パンの原料となる小麦を欲しがっていた。そのため、清正は米での年貢の代替として麦の納入を許したり、麦の年貢率を上げるなどして小麦を調達し、スペイン商人と交易したのだ。

文禄5（1596）年に清正から貿易商人の原田喜右衛門へ出された手紙には、「小麦を唐船へ積み込むこと」「鉛などをスペイン商人から購入すること」などの細かい指示が記載されている。この手紙によると、清正は小麦20万斤《きん》（約120トン）を船に積み込ませている。20万斤というのは、当時の清正領内の小麦生産高の半分にあたる。

この大量の小麦をスペイン商人に売り、鉛などを輸入したとみられている。鉛は、鉄砲の弾などに使われるもので、当時としては最重要の軍需物資だった。

清正は、この鉛を自軍で使用するだけではなく、他の大名にも売っていたようだ。なかなかの商売上手だったのだ。

この海外貿易については、秀吉の許可を取って行われていた。秀吉政権下で、海外貿易の朱印状が交付されているのは、現在わかっている限り、加藤清正のみなのである。

このへんを見ると、加藤清正は非常に経済感覚に優れており、財務官としてもかなり優秀だったといえるだろう。

◆朝鮮出兵で大ダメージを受けた清正領

前述したように、朝鮮の役では加藤清正は日本軍の主力としての役割を与えられていた。清正は、開戦当初はその大役を見事にこなした。小西行長の第一軍に続いて、第二軍として朝鮮半島に上陸した加藤清正は、瞬く間に李氏朝鮮軍を駆逐した。

日本軍は開戦から1カ月後には、李氏朝鮮の首都だった漢城《ハンソン》(現在のソウル)を陥落させ、2カ月後には朝鮮北部の最重要都市である平壌に入城した。3カ月後には朝鮮半島の大半を制圧し、朝鮮と明の国境付近にまで兵を進めていた。その先鋒にいたのが加藤清正だったのだ。

が、そのころ明が救援軍を派遣し、戦争は長期化の様相を見せ始める。

そうなると加藤清正は、財政面でダメージを受け始めた。朝鮮出兵における軍費は、清正の財政運営で賄えるほど安いものではなかったのだ。1万人もの兵士を朝鮮に渡らせ、何年もの間、戦闘をさせなければならない。輸送中や戦争中の損耗を考えれば、「米や軍需物資はいくらあっても足りない」というような状況だった。

朝鮮の役（文禄の役）の進軍ルート

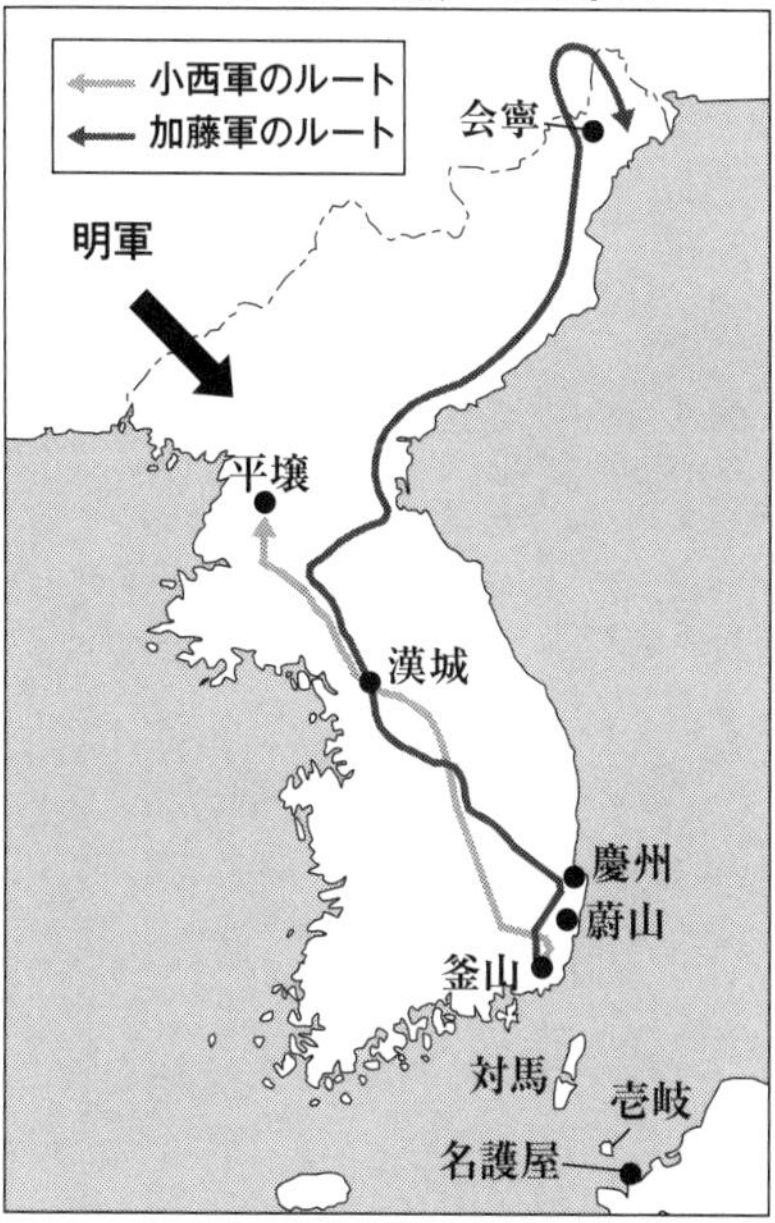

清正も、怠りなく準備をしていたはずだった。
天正20（1592）年、朝鮮遠征の直前には、「人畜改め」をして、農民の人数や家畜の数を細かく確認している。これは、人夫や軍馬などを徴発するためである。
この「人畜改め」を元に、清正は

領民に次のような役を課した。

・人夫として1000石につき5人
・船の網に使う苧《からむし》を1000石につき50筋
・木綿子を1000石につき2000枚
・隈本、高瀬、川尻の町家には、塩硝《えんしょう》を間口一間につき200匁《もんめ》
・町人から硫黄の調達

また年貢が遅れている者、年貢を払っていない者には厳罰を下すというお触れも出した。このような過酷な税を課しても、朝鮮での軍役が長引くにつれて、やがて兵糧を賄うことができなくなった。

そのため清正は、豊臣家から米を借用せざるを得なくなった。

加藤清正の肥後領には、豊臣家の蔵入地が3万石あり、清正はその代官も兼ねていた。清正は兵糧を補うために、この蔵入地の年貢を拝借してしまったのだ。

また、石田三成が朝鮮遠征軍の全軍のために調達した兵糧米も、借用している。

しかも清正は、これらの借用米を返還することができなかった。

豊臣家の財務の総責任者だった三成としては、豊臣恩顧の大名が米を借りたまま返さないということについて、嫌味じみたことも言ったのかもしれない。また加藤清正としても、三成に頭を下げなくてはならないということは、非常に屈辱的なことだったに違いない。

この借用米問題が、この後、大きく後を引くことになるのだ。

清正の肥後領は、過酷な税のために疲弊した。当時、肥後を訪れた宣教師は、「日本で一番貧しい地域」と評している。

この経済疲弊による清正の怒りは、秀吉に向かわずに石田三成に向かうことになるのだ。

◆甘く見ていた朝鮮出兵

清正領がこれほど疲弊したのは、朝鮮への出兵を甘く見ていたということが要因の一つである。これは清正に限らず、秀吉軍全体でその傾向があった。

秀吉は、朝鮮や明を簡単に制圧できると考えていたし、兵糧なども、現地で調達できると踏んでいたのである。確かに、当初はそのもくろみは当たっていた。

開戦当初、日本軍は破竹の勢いで、朝鮮全土を制圧していった。

朝鮮での食糧の調達も非常にうまくいっていた。

最初に朝鮮半島に上陸した第一軍の指揮官・小西行長は、上陸早々に「朝鮮側が退散し、明け渡した城が10カ所あり、各城に2、3千石の兵糧があった」と報告している。

また次に上陸した第二軍の指揮官・加藤清正も、「国元（日本のこと）にも、こんなに潤沢に兵糧のある城はないいんじゃないかと思われるほど、兵糧が蓄えてある」という報告をしている。

朝鮮の役において、兵糧などの準備を担当したのは、石田三成だった。石田三成は、30万石の米を名護屋《なごや》城（佐賀県唐津市）に集めた。この30万石の米は、主に九州の豊臣家の蔵入地から集められたものである。

九州、四国、中国の大名は、原則として朝鮮出兵における兵糧は自前とされていた。そして、加藤、小西ら九州から出兵する大名たちは、兵士の6カ月分の兵糧を携行するようにという命令が下されていた。

が、もしその兵糧米を用意できない大名は、大坂・播磨で米を貸し付ける、ということになっていた。そして九州、四国、中国以外の大名の派兵における兵糧は、豊臣家から支給されることになっていた。

石田三成のこの施策は、兵糧対策としては十分なものだったといえる。

しかし、石田三成が調達した大量の兵糧や軍需物資は、しばらく名護屋城に留め置かれたままだった。朝鮮半島の補給港になっていた釜山にさえ、ほとんど送られていなかった。

それは、前述したように、開戦当初は朝鮮現地での食糧調達が容易だったからだ。

秀吉は、「兵糧は送るに及ばず」という判断をしていたのだ。

おそらく、開戦当時は、戦争に慣れていなかった朝鮮軍は、日本軍が侵攻してくると兵糧を残したまま退散するようなことが多々あったのだろう。

しかし朝鮮側も戦争に慣れてきて、明からの援軍が来るようになると、日本軍は兵糧不足に悩まされることになる。

特に加藤清正軍は、兵糧不足で窮地に陥ってしまうのだ。

◆蔚山城の戦いの失敗で大きな亀裂が

そして加藤清正の兵糧不足を象徴する出来事が起きる。

「蔚山城《ウルサンじょう》の戦い」と呼ばれるものである。

慶長2（1597）年12月から翌年の慶長3（1598）年1月にかけて、加藤清正軍は、明と朝鮮の連合軍の攻撃を受け、蔚山城に籠城するという事態に陥った。

この籠城戦では、加藤清正軍は兵糧や弾薬が尽きかけ、危うく全滅するところだった。年明けすぐに救援軍が駆け付けたため、加藤清正軍はすんでのところで危機を脱することができた。

この事態を重く見た石田三成は、慶長3（1598）年3月には、朝鮮出兵中の各大名に置兵糧を支給した。置兵糧というのは、城に備蓄しておく兵糧のことである。支給された大名、兵糧の数量は、左表の通りである。

この表を見ると、加藤清正も小西行長も同じように5000石が支給されており、不公平さはないように思われる。

少なくとも加藤清正に対して、石田三成が差別的な待遇をしたことはないはずだ。蔚山城で兵糧不足になったのは、明らかに加藤清正のミスである。加藤清正はこの戦いにおいて、籠城からわずか10日足らずで兵糧を枯渇させてしまっている。

秀吉は戦においては兵糧のことを非常に重要視する武将だった。

そのため朝鮮の役でも、各武将に6カ月程度の兵糧を常に確保しておくようにという指

慶長3（1598）年に置兵糧用に支給された米

小西行長	5000石
宗義智	1000石
島津義弘	2000石
立花宗茂、小早川秀包ら4人	2000石
鍋島直茂	5000石
黒田長政	2000石
毛利吉成	2000石
加藤清正	5000石
合計	2万4000石

慶長3（1598）年3月18日付　「山中山城守文書」より

示を出している。また石田三成に対しても、朝鮮に渡海した諸将が兵糧不足に陥ることがないように万全の策を講じさせていたのだ。

加藤清正としても、それは重々承知のはずだった。が、加藤清正は、1万もの大軍を率いた戦いというのは、このときが初めてだった。

それまでは、せいぜい数百人であり、千人を超える兵を率いたことはほとんどなかったはずだ。そういう状況の中で、清正は開戦当初は破竹の勢いで勝ち進んでおり、相当に頑張っていたといえる。

しかし、時折、やはり若さや経験不足が出てしまったようだ。そして、それが凝縮されたのが、「蔚山城の戦い」だったのだ。

この戦いについては、清正としても言い分はあっただろう。明や朝鮮軍の動きが急だったり、他の日本軍との連携がうまくいかなかったために孤立したこと、などである。

また清正領内の財政悪化の影響も少なからずあった。なにより慣れない朝鮮半島で、兵站を確保しつつ戦闘を続けるというのは、非常に困難なものだった。

しかも兵糧の枯渇に陥ったのは、加藤清正だけではない。朝鮮の役の後半ではどの諸将も兵糧の不足を訴えてきていた。

しかし、とにかく蔚山城の戦いでは、加藤清正は一歩間違えば全滅というような危機に瀕してしまった。そして救援軍を差し向けられ、大量の追加の兵糧米を支給してもらっているのだ。

このことは朝鮮に監察に来ていた福原長堯《ながたか》から秀吉に報告が行った。これを受けて秀吉は、加藤清正らを譴責《けんせき》した。この福原長堯は石田三成の妹婿であり、いわば石田三成の一族である。加藤清正としては「石田三成に告げ口された」ということになったのである。

この「蔚山城の戦い」での評価は、禍根を残すことになった。

朝鮮の役に関しては、戦闘を継続させたい加藤清正らと、講和を図りたい三成らが対立したと後世には伝えられてきた。だから、それが加藤清正と石田三成の対立原因とみられがちである。

しかし、実際は「加藤清正も講和を目指し早期撤退を望んでいた」という資料もあり、必ずしもそういう構図ではなかったようである。

加藤清正と石田三成が記録の上で明白に対立しているのは、この蔚山城の戦いの評価だった。蔚山城での失敗を大きく取り沙汰されたことが、清正にとっては無念で仕方がなかったようなのだ。

この蔚山城の戦いでは、加藤清正だけじゃなく、蜂須賀家政、黒田長政なども譴責されており、特に蜂須賀家政は逼塞《ひっそく》させられている。この「蔚山城の戦い」で秀吉から譴責された者たちが、後に反石田派を形成することになるのだ。

秀吉の死後、加藤清正ら七人の武将が石田三成を襲撃する「石田三成襲撃事件」が起きる。「石田三成襲撃事件」は、関ヶ原の戦いにつながる重要な出来事である。

この石田三成襲撃事件に参加した七人のうち、四人は蔚山城の戦いで加藤清正とともに戦っているのである。

詳しくは後述するが、この「石田三成襲撃事件」により、石田三成は失脚し、奉行職を退くことになった。

そしてその直後に徳川家康の肝入りで、蔚山城での戦いで譴責された武将の名誉回復が図られている。つまり石田三成を襲撃した七人の武将にとって、「蔚山城の戦い」は、それほど引っ掛かりが大きかったのである。

◆朝鮮の役のもう一人のキーパーソン小西行長

小西行長は、朝鮮の役のもう一人の主役であり、関ヶ原の戦いのキーパーソンでもある。前述したように、小西行長は、加藤清正と同様に朝鮮征伐の主力軍だった。当然、財政的には疲弊し尽くしていた。が、小西行長は、石田三成とは対立関係になっていない。というより、むしろ昵懇《じっこん》の仲だったといわれている。

小西行長は、永禄元（1558）年、京都や堺の大商人の家の次男に生まれている。

小西行長は、キリシタン大名としても知られている。このキリシタンだったということが、小西行長に大きな経済的な恩恵をもたらしており、大名としての処世にも大きな影響を与えている。

小西行長の父、小西隆佐は商人仲間から、かのフランシスコ・ザビエルを紹介され、じきじきに説法を受けて、キリスト教に改宗した。そのため小西行長も、キリシタンとして生きていくことになった。フロイスによるイエズス会への報告書では、小西行長は幼少より都の聖堂で教えを受けたと記されている。

そして小西行長の父、小西隆佐は、イエズス会の日本代表役のような立場だった。元亀4（1573）年には、京都にいた信長にイエズス会の使者として面会し、イエズス会の布教活動を説明するとともに「塗金の円楯」を献上している。

当時、信長は、反信長的な行動をとった足利義昭を鎮圧するために京都へ出陣していた。信長は、小西隆佐との面会でイエズス会に好意を持ち、以降、イエズス会の活動に協力的な態度を取る。

もちろん、それは信長がキリスト教の教えに感銘を受けたということではなく、イエズス会の献上品や、南蛮貿易の利益などを計算に入れた上でのことだろう。

小西隆佐は、堺、京都などで手広く商売をしていた大商人だった。行長が生まれた当時は、京都を拠点にしていたようである。

が、堺の商人とも親密な関係を持っており、堺商人たちを束ねる力量もあった。

◆水軍の将として頭角を現す

行長の少年時代などについてはよくわかっていないが、若いころ、宇喜多家に仕官していたことがわかっている。宇喜多秀家（当主）の甥の宇喜多詮家《あきいえ》が、キリシタンとして洗礼を受けており、その関係から仕官したのかもしれない。

そして宇喜多家が信長の傘下に入ったころから、秀吉に仕えるようになった。

天正9（1581）年には、小西行長が海戦で活躍した記録が残っている。信長が蜂須賀正勝に送った書状の中に、小西行長の安宅船《あたけぶね》が毛利家から出撃してきた船を迎撃したことを褒め称えている内容が記されているのだ。

このころから、小西行長は水軍（海軍）の将として名をはせるようになったようである。ルイス・フロイスの『日本史』によると、「アゴスチイノ（小西行長のこと）は播磨の室津という港を所領していた」と述べられている。室津は、現在の兵庫県室津のことであり、古代から栄えた港町である。

小西行長がなぜ室津を所領していたのかはわからない。

父、小西隆佐などの商業活動により、廻船業者などとつながりができたのかもしれない。または宇喜多家の家臣として、その地域を管理していた結果、室津を所領することになったのかもしれない。

いずれにしろ、小西行長は、瀬戸内海の水軍（海軍）において、穏然たる力を持つようになったようである。

信長から天下取りを引き継いだ秀吉も、そんな小西行長を重用するようになる。

天正10（1582）年には、小西行長は小豆島の管理を秀吉から任されたとされている。

また『肥後國志』には、小豆島の他にも、塩飽《しわく》諸島も領有していたと記されている。

小豆島や塩飽諸島というのは、瀬戸内海の海賊たちが本拠地としていたところである。

小西行長がそこを領有していたということは、瀬戸内海の水軍に強い影響力を持っていたことは間違いない。

その後、小西行長は、秀吉軍の海軍司令官的な立場になっていく。

紀伊攻めや、四国、九州の平定戦にも、水軍の将として重要な任務を果たすのである。

◆「キリシタン大名」の大きな経済的メリット

小西行長がこれほど急に出世したのは、将としての才が備わっていただけではなく、「実家が豪商であったこと」「キリシタンであったこと」も大きく関係していると思われる。

というのも、当時のキリスト教というのは、日本にとっては西洋文明の窓口でもあったのだ。ポルトガルやスペインの南蛮船は、日本で取引を行う条件として必ずキリスト教の布教許可を求めた。戦国時代、多くの大名たちがキリスト教の布教を許したのは、このためなのである。

たとえば、先に述べたように、信長もイエズス会に非常に寛容だった。宣教師フロイスに謁見し、布教や教会建設の許可を与え、教会建設のための場所や資材の提供にまで便宜を図っている。

南蛮貿易の魅力を見せられた西国の大名たちも、こぞってキリスト教の布教を許可した。中には、大友宗麟《そうりん》などのように自分自身が入信する者も出てきた。

南蛮貿易はその経済的な利潤もさることながら、西洋の新しい兵器や軍需物資を入手できるものだった。戦国大名にとっては、これほど魅力的なものはない。

特に鉄砲の弾丸に使われる鉛や、弾薬の原料となる硝石《しょうせき》などは、当時の日本ではあまり生産できず、海外からの輸入に頼るしかなかった。

そして、この輸入を主に引き受けていたのが、南蛮船だったのである。

つまり南蛮貿易を介さなければ、鉄砲の弾薬、火薬の原料などは手に入らなかったのだ。

当時の南蛮貿易は、戦国大名たちの鉄砲に関する軍需物資を事実上、独占的に商っていたといえるのだ。

だから、キリシタンだった小西行長は、南蛮貿易での軍需物資の調達に非常に有利だったと考えられる。

天正13（1585）年3月の秀吉の紀伊の太田城攻めにおいて、小西行長は海上から攻撃に参加している。このとき、行長は大砲を積んだ安宅船を動員している。

当時はまだ戦場で大砲を使うようなことは珍しく、船に搭載することもあまりなかった。大砲搭載の安宅船は、南蛮貿易と深い関係があった小西行長だからこそ調達できたものだといえるだろう。

また後年、小西行長が朝鮮に出兵する際にも、イエズス会の宣教師クエリヨなどに、様々な軍需物資の調達を依頼したとみられている。

小西行長は朝鮮半島への渡海作戦で、西洋のガレオン船（最新式の洋船）を模した強靭な安宅船や、大量の関船《せきぶね》、小早船《こばやぶね》などを調達している。

これもイエズス会の協力があったためと考えられる。

◆なぜ朝鮮出兵で清正ほどダメージを受けなかったのか

前述したように、小西行長に肥後の南半分が与えられたとき、同時に肥後の北半分は加藤清正に与えられた。小西行長に肥後半国を与えたのは、水軍の将としての能力を買い、「唐入り（中国）大陸侵攻」の際の渡海作戦の最高司令官にするつもりだったのだろう。

だが朝鮮への兵の派遣は、大名にとって大きな財政負担である。

加藤清正の肥後半国はこれによって疲弊し尽くしてしまい、豊臣家の財政責任者だった石田三成と険悪な関係になった。

小西行長は、この財政負担にどう対処していたのか？

実は、小西の肥後領については、清正領ほどの悲惨さを示す記録は残っていない。

それは、小西行長が関ヶ原で敗れたために、記録自体があまり残っていないということもあるだろう。が、どうやら行長領では、清正領ほどの疲弊はしてなかったこともあるようである。というのも、小西行長には、財政的なバックボーンがあったのだ。

行長の父、小西隆佐が堺奉行だったことは前述したが、朝鮮出兵当時は行長の兄、小西如清《じょせい》が、この堺奉行職を継承していた。小西如清は、堺の豪商、日比屋了珪《ひびやりょうけい》の娘を妻にしており、堺の商人の間では首長的存在だった。

つまり小西行長一族は、日本最大の貿易港である堺を牛耳っていたのである。

もちろん、富裕でないはずはない。

またこの小西如清は、豊臣家の堺周辺の蔵入地の代官も務めていた。当時の記録では、これらの蔵入地の年貢の一部が、朝鮮出兵の費用に充てられていることが記されている。

小西行長は、その一族の経済力を使って、朝鮮出兵の費用を賄っていたようである。だから加藤清正ほどは、財政的な苦労はしていなかったと思われる。

◆三成と行長の経済的な親交

小西行長が、加藤清正ほど財政的に行き詰まらなかった大きな要因として、もう一つ、石田三成との関係も挙げられる。

よく知られているように、小西行長と石田三成は深い親交があった。

イエズス会の宣教師による報告書にも、「小西行長と石田三成は特別の親友だった」と記されている。小西行長と石田三成は、三成が堺の奉行になった天正14（1586）年ごろから親交があったとみられる。前述したように、三成とともに堺の奉行を務めていたのは、小西行長の父、小西隆佐なのである。

三成は商人側の代表者である小西隆佐とともに、堺の町をそつなく統治した。その際に小西隆佐は、息子の行長を三成に引き合わせたと思われる。

また石田三成は、秀吉が九州平定戦を行っているとき、荒廃した博多の復興を命じられているが、このときも小西隆佐、行長の親子とともに博多の復興事業に取り組んでいる。

つまり石田三成と小西行長は、堺、博多という当時の日本の二大国際貿易港を通じて、親交を深めたのだ。もちろん両者は堺や博多の商人たちとも、広く親交を持つようになり、それは、その後の財政力や、国政ビジョンに反映されることになる。

この「石田三成、小西行長ライン」に対して、加藤清正ら秀吉子飼いの他の大名たちが、反感や敵意を持ったのも無理はないといえる。

加藤清正や福島正則は、三成ほどの財政的な才覚はないし、商人とのつながりもない。「武力が正義だ」という価値観の中にいた戦国武将たちにとって、三成や行長の生き方は、ある意味「卑怯」に見えたのだろう。

特に加藤清正の小西行長に対する反感は、すさまじいものがあった。

加藤清正と小西行長は、肥後国で隣同士だったわけだが、法華経を深く信仰していた加藤清正としては、小西行長に対してはどうしても嫌悪感を抱いてしまう。

しかも両者は境界問題をたびたび起こしていた。

これを秀吉の代行として仲裁したのが三成だったとされている。三成は行長に有利に裁定することが多く、三成と行長との関係がよくなる一方で、彼らと清正との関係は悪化したという。

清正は朝鮮征伐の際に、秀吉の怒りを買い、いったん召喚されている。このときの折檻状では、「小西行長を町人よばわりした」というものもあった。秀吉としては血気にはやる清正をいさめたのだろう。加藤清正としても、最初から小西行長を見下していたわけではなく、これまでの溜まりに溜まったうっぷんがそういう態度をとらせたのだろう。

石田三成は、島津、佐竹、上杉など戦国時代の剛の者たちがこぞって頼りにしたように、実は面倒見が非常にいい人物だったと考えられる。だから加藤清正なども三成に頼ったり、財政について相談したりすれば、三成は適切な対処や支援をしていたものと思われる。

しかし加藤清正は、ライバルとしてそれができなかった。そして石田三成も、加藤清正などの同僚たちに自分からはあえて手を差し伸べたりはしなかったようである。

その微妙なライバル関係が災いし、経済的な格差が生じ、その不満がやがて怒りに変じていったものと思われる。

◆経済的に無理があった朝鮮の役

この加藤清正と小西行長の対立も、秀吉子飼い大名と石田三成の対立も、元はといえば「唐入り（朝鮮の役）」が原因なのである。

文禄の役、慶長の役というのは、日本軍にとっては過酷な戦いだった。

戦争に慣れているはずの日本の大名たちも、補給や寒さに苦しみ、大量の兵を失うことになった。

朝鮮の役が始まってから1年後の文禄2（1593）年の兵員調査では、1万人いた加藤清正軍は5490人になっており、同じく1万人いた小西行長軍も6600人となっていた。両軍合わせての消耗率は40％程度という非常に高いものだった。

文禄の役、慶長の役を合わせると20万人近くが朝鮮半島に渡り、2万人から5万人の兵が失われたのである。

そして秀吉が死去すると、日本側は得るものがまったくないまま、停戦、撤退が決まった。大損害を受けた加藤清正らの諸将には、ほとんど何の恩賞も与えられなかった。

そのことが加藤清正ら秀吉子飼いの大名たちと、石田三成との対立の構図を生むことになった。しかも家康は朝鮮へ出兵しなかったため、この間に国力を増進させることができた。

なぜ秀吉は、このような無茶な大陸侵攻などを行ったのか？

せっかく天下統一をしたのだから、しばらく様子を見て朝鮮の事情を調べるなどという選択肢はなかったのか？

実は、秀吉には、大陸侵攻を急がざるを得ない経済的事情があったのである。

それについて次章以下で追求していきたい。

第三章　三成と家康、水面下の経済戦争

◆秀吉の資産を狙う家康、守る三成

関ヶ原の戦いの前、石田三成と徳川家康の間では、経済戦争ともいえる状態が起きていた。

豊臣家は版図の広さはともかく、経済力全体を見れば日本でもっとも大きな資産を持っていた「天下人」である。また前述したように、この豊臣家の資産の管理を実質的に任されていたのが石田三成だった。

秀吉は、自分が死んだ後の政務を五大老、五奉行に託した。五大老には「天下の仕置き」を任せ、五奉行には豊臣家の資産管理を任せたのだ。

そして五奉行の中で、もっとも実務能力に秀で、事実上、五奉行のリーダー役を担って

いたのは石田三成である。

秀吉の死後、すぐに石田三成が管理していたこの豊臣家の資産を狙うものが出てきた。

それが、徳川家康である。

家康は、豊臣家の資産を削《そ》ぎ、そのパワーを弱めようとしたのである。

家康は、どうやって豊臣家の財産を削ごうとしたのか？

具体的に言えば、家康が勝手に諸大名に知行を与えたり、加増したりしだしたのである。

「家康が知行を与える」といっても、家康が自分の領地を削って誰かに与えるというわけではない。豊臣家の直轄領を勝手に誰かに分け与えるのである。もちろん、豊臣家の資産が目減りをする。

しかも、もらったほうは豊臣家よりもむしろ家康に感謝する。

つまり、家康は豊臣家の資産を使って、諸大名に恩を売ろうとしたわけなのだ。

が、家康が秀吉の死後、そういう動きをするのではないか、ということは、秀吉陣営も早くから気づいていたようである。

だから、秀吉は家康に対し「秀頼が成人するまで天下の仕置きは任せるが、豊臣家の資産管理については関与するな」というように命じていたのだ。

秀吉は死亡する直前に、家康に誓紙を出させている。この誓紙は、豊臣家の五大老、五奉行が互いに交わしたものだが、実際は秀吉の意向で書かせたものだろう。

そしてこの誓紙は、家康のものだけは、他の者よりも厳しい内容になっているのだ。

その内容というのは、

「豊臣秀頼が成人するまでは、知行に関することは、どんな者からの訴えであっても、申し次ぎはしない。ましてや、自分の加増などは絶対に要求しないし、もし与えると言われても拝領しない」

というものである。つまり、「家康は知行に関しては絶対に関わらない」という非常に厳しい約束である。

家康以外の他の四大老の誓紙は「知行に関して誰かから訴えがあった場合は、五奉行に相談する」という程度にとどめてあるのだ。

これを見ると、秀吉や秀吉側の者たちは「家康が豊臣家の直轄領を削って諸大名に知行を与えることを警戒し、あらかじめそれを厳禁していた」ということがわかる。

詳しくは後述するが、豊臣家の直轄領は、家康よりもかなり少ない。しかも日本全国に分散しているため、家康とは、兵の動員力などでは石高以上の差がある。

豊臣家の将来を考えれば、これ以上、直轄地を削るのは極力避けなくてはならない。それは、豊臣家の側にいれば誰でも感じていたはずである。

逆に言えば、豊臣家をつぶそうと思えば、なるべく豊臣家の直轄領を削ることである。

だから、秀吉や大老、奉行たちは家康を警戒し、家康に対して「知行には関知しない」という誓書を出させていたのだ。

しかし、家康は秀吉が死んだ途端、この誓いを破って自分のいいように各武将に知行を乱発し始めたのである。そしてそれを必死に食い止めようとしていたのが、石田三成だったのだ。

◆家康の知行乱発でもっとも恩恵を受けた、あの人物

この家康の「知行乱発」で、もっとも恩恵を受けたのは、あの小早川秀秋である。

小早川秀秋、言わずと知れた「関ヶ原の戦い」におけるキーパーソンである。

関ヶ原の戦い当日、東西両軍の拮抗した戦局が続いている中で、突如、西軍の小早川秀秋が、東軍に寝返り、それをきっかけに西軍が総崩れとなった。

だから小早川秀秋は、関ヶ原の勝敗を決めた人物と言われることもある。

実はこの小早川秀秋は、秀吉の死の直後、家康から大きな「褒賞」をもらっているのだ。


小早川秀秋とは、そもそも一体どんな人物なのか？

彼は天正10（1582）年、近江国長浜で生まれている。彼の父親は、秀吉の正室おねの実兄である。つまり、小早川秀秋は、秀吉の義理の甥にあたる。

長らく子供ができなかった秀吉は、この小早川秀秋を幼少時より養子とし、羽柴の名字を与えて羽柴秀俊とした。

それがなぜ、小早川という名字になったのかというと、文禄3（1594）年に、小早川隆景の養子となったからだ。養父となる小早川隆景は、毛利元就の三男である。かの有名な毛利家の三本の矢の一人なのである。この小早川隆景は子供がいなかったため、弟の秀包《ひでかね》を養子にして跡継ぎとしていた。

当初、秀吉は、秀秋を毛利家の当主の毛利輝元の養子にしようと考えていた。輝元にも実子がいなかったので、秀秋を毛利家の跡継ぎにすれば、毛利家を豊臣家の縁者が継ぐことができるからだ。秀吉の姉の長男である豊臣秀次に豊臣家を継がせ、小早川秀秋に毛利家を継がせれば豊臣家は盤石という算段だったのだ。

しかし、毛利家もそれでは毛利家が豊臣に乗っ取られてしまうと思い、「輝元の養子はすでに毛利家の血を引く毛利秀元に決定しており、小早川隆景の養子に迎え入れたい」と、秀吉に申し入れたのだ。秀吉もそれを了承した。

そうして、小早川隆景と秀秋の養子縁組が決まった。

小早川隆景は、秀吉から拝領していた筑前・筑後国30万石を小早川秀秋に継がせた。毛利家としては、「秀吉からもらった30万石は返すので毛利家を乗っ取るのはやめてくれ」ということだったのだろう。

とにもかくにも、秀秋は小早川姓となり、筑前・筑後30万石の大名となったわけである。秀吉は、小早川秀秋に大きな期待をかけ、豊臣家の一部を相続させるつもりでいたのだ。

しかし、この小早川秀秋は、秀吉の晩年、不遇となる。

秀吉に、嫡男の秀頼が生まれたため、秀吉は天下の相続人を秀頼に指名し、これまで秀秋に預けかけていた豊臣家の相続権を猛烈に奪い返そうとし始めたのである。

慶長３（１５９８）年5月、秀吉の死の３カ月前には、筑前・筑後30万石から越前北ノ庄15万石に転封となった。石高が半分も減らされたのである。

そして筑前・筑後30万石は、豊臣家の直轄領となった。

筑前・筑後というのは、豊臣家にとって重要な場所だった。特に筑前国は当時、日本で一、二を争う国際貿易港の「博多」を擁する一大商業地だったのである。

その大事な場所は、豊臣家の直轄領として跡取りの秀頼に残してあげたいということだったのだろう。

しかし、この筑前・筑後国の30万石が、秀吉の死後、すぐに小早川秀秋の手に戻ったのだ。

小早川秀秋に筑前・筑後国を返還したのは、形式の上では家康ではない。筑前・筑後国返還の知行充行状《ちぎょうあてがいじょう》には、五大老の署名がされているからだ。

が、この返還劇は、明らかに家康の意を汲んだものである。

小早川秀秋に筑前・筑後を返還することは、豊臣家（豊臣秀頼）の将来にとって良くないということは、誰の目にも明らかだからだ。

そしてこの返還劇で、もっとも大きな痛手を被ったのは、石田三成だったのである。

◆不可解な小早川秀秋への筑前・筑後の返還

慶長4（1599）年2月5日、家康や前田利家など五大老の署名で小早川秀秋に対し、筑前・筑後国30石の知行充行状が出されている。

この五大老による知行充行状が出されたのは、秀吉の死後、半年も経っていない時期である。まるで、秀吉の死を待っていたかのようにして出されたのである。

この知行充行状には、筑前・筑後を小早川秀秋に返還する理由として「秀吉がかつて指示したことに基づき、小早川秀秋に筑前・筑後を領知させる」と記されている。つまり、これは秀吉の遺志である、ということだ。

しかし、秀吉の晩年を見る限り、そういう指示を出していたというのは考えにくい。

秀吉の遺言とされる文書は三つほどある。

が、そのいずれもが、秀頼のことと今後の政務のことを述べているだけである。

秀吉の遺言の一つ、浅野家文書の「太閤様御覚書」では、大名や家臣に対し11条の命令が残されているが、そのうちの6条までは「秀頼をよろしく頼む」という内容であり、他の5条は今後どういうふうに政権運営をしていくべきかの指示となっている。

小早川秀秋のことなどは、まったく出てこない。

また毛利家文書の「豊臣秀吉自筆遺言状案」でも、ほぼ全文が諸大名に対して秀頼のことを頼むという内容になっている。

もう一つの遺言とされる「豊臣秀吉遺言覚書書案」は、五大老、五奉行に対して今後の政務のことを述べたものである。

死期の迫った秀吉には、秀頼のことで頭がいっぱいで、小早川秀秋のことを配慮している余裕はまったくなかったのである。だから、秀吉の意向で、小早川秀秋に筑前・筑後の地を戻したというのは、明らかに不自然である。

秀吉の晩年、小早川秀秋に対する仕打ちが急に厳しくなったため、秀吉は周囲に対して言い訳がましく「そのうち戻してやろうと思っているのだ」くらいのことを言っていたかもしれない。もしくは、本当はそういうことは、まったく言っていなかったのかもしれない。

いずれにしろ、秀吉の本心の中には、筑前・筑後を小早川秀秋に戻してやる、などという思いは、一片すらなかった。もし返還するくらいなら、わざわざ死の直前に転封を命じたりはしないはずだ。

にもかかわらず、秀吉の死後すぐにそれを元に戻すというのは、明らかに不自然であり、秀吉の意を汲んでいるとは思いにくい。

では、誰の意を汲んでいるのか？　というと、間違いなく家康だと思われるのだ。

家康としては、なるべく豊臣家の直轄領を削りたい。

しかし、誓書を出した手前、家康が勝手に削るわけにはいかない。だから、豊臣家の縁者である秀秋に「元の領地を返還する」という形をとったというのが、妥当な見方だと思われる。

先に触れたように、小早川秀秋を筑前・筑後に戻すという知行充行状は、五大老の名義で出されている。が、五大老の名義は形式的なものであり、家康の意思が強く反映されているといえる。

秀吉の死後、実質的に政治を取り仕切っていたのは家康である。

特に、小早川秀秋に筑前・筑後30万石を返還するこの知行充行状は、明らかに家康にとって有利であり、家康による豊臣家の分断作戦だったといえる。

小早川秀秋の領地を増やすことは、豊臣家の将来、特に豊臣秀頼の将来にとっては何の得にもならない。豊臣家の直轄地が減った分だけ、大損ということになる。

そして豊臣家の直轄領を減らし、豊臣秀頼が引き継ぐ資産を少なくすることは、家康にとっては、天下取り戦略が有利になるということである。

しかも小早川秀秋に対しては、恩を売ることができる。

小早川秀秋は、最後に冷たくされた秀吉に対してよりも、旧領地を取り戻してくれた家康への恩義のほうを重く感じるだろう。

実際に、関ヶ原の戦いでは、小早川秀秋はもっとも重要な局面で西軍を裏切って東軍についたのである。見事に、家康のもくろみが当たったたといえるのだ。

◆真の狙いは三成の権力を奪うこと

この小早川秀秋への筑前・筑後30万石の返還は、豊臣家だけでなく、石田三成にとっても大きなダメージとなった。というのも、この筑前・筑後の30万石の豊臣直轄領というのは、石田三成が代官をしていたからだ。

豊臣家の直轄領は、その管理を隣接地の大名に任せている場合もあれば、豊臣家から代官を指名している場合もあった。筑前・筑後の場合は、豊臣家にとって非常に重要な拠点であることから、石田三成に代官を任せていたのだ。

そもそも、この筑前・筑後30万石は、当初は石田三成に与えるという話もあったほどなのだ。慶長3（1598）年5月、石田三成が家臣の大音《おおと》新介に与えた手紙によると、

「内々は筑後・筑前を下され、九州物主に遣わし候」

と述べられている。つまり、秀吉は小早川秀秋を越前に転封させた後、石田三成に筑前・

筑後を与え、九州全体のお目付け役的な存在にしようとしていた、というわけだ。

しかし三成はこの手紙の後段で、

「(秀吉の重要拠点である）佐和山を任せられる人もおらず、秀吉の様々な指令を申し付けられる人もいないので、いまのまま佐和山に残ることにした」

と述べている。そのため筑前・筑後は豊臣の直轄領となり、石田三成はその代官を命じられたのである。

何度も触れたが、石田三成は秀吉にとっては懐刀だった。しかも秀吉に対して揺るぎのない忠誠心を持っている。筑前・筑後の地が、石田三成によって管理されていれば、豊臣家にとってこれほど心強いことはない。

逆に言うと、この要衝の地を頼りない小早川秀秋に還付されれば、豊臣家のダメージは大きい。

また石田三成にとって、豊臣政権の重要拠点の代官を務めているということは、自分自身の財政力や政治権力を大いに高めることになっていた。

しかし筑前・筑後の代官の座を降りると、それを損なうことになる。

つまりは、石田三成の権力が大きくパワーダウンするのだ。

家康としては、それも狙っていたものと思われる。

もちろん石田三成にとって不快でないはずはない。三成は、反対の意を持っていたはずである。しかし「秀吉の縁者である小早川秀秋に旧領地を返還する」と言われれば、反対しにくい。家康はそれを狙ったのだろう。

◆家康の巧みな分断作戦

小早川秀秋が筑前・筑後を還付されたとき、旧領である越前15万石は、豊臣家には戻されなかった。青木重吉に加増ということになったのだ。

つまり豊臣家は、30万石を小早川に還付した後、越前の15万石も青木に加増しているので、直轄領30万石がまるまる減ったということになる。

もともと豊臣家は、家康の250万石よりもかなり少ない220万石しかなかった。それが30万石も減ったのだ。豊臣領と家康領との差はさらに開いたわけである。

慶長4（1599）年には、筆頭大老の前田利家が死去し、それとほぼ同時期に、秀吉恩顧の大名七人による「石田三成襲撃事件」が起きる。

この事件では、石田三成は辛うじて難を逃れたが、徳川家康のとりなしにより、奉行を辞めて佐和山城に戻ることになった。

家康は三成を失脚させることで、豊臣家の資産管理の権限を奪ったとみられる。

前田利家、石田三成という歯止めがなくなると、家康の「豊臣直轄領の削減作戦」は、さらにヒートアップすることになる。

同年10月には、堀尾吉晴に5万石の加増をしている。

このときの知行充行状は、毛利、宇喜多、家康の三人の大老の署名となっているが、実質的には家康の意を汲んだものと思われる。

堀尾吉晴は、もともとは織田信長の家臣であり、与力として一時的に秀吉軍に加わっていたが、信長の死後は秀吉の傘下に入った。秀吉の死後は家康に接近した。

堀尾は、慶長4（1599）年3月の家康の伏見城入城を助けたとされている。伏見城とは、豊臣政権の公務を司る場所だった。秀吉は遺言で「家康が伏見城に入る場合は、他の者はそれを妨げてはならない」と述べていた。秀吉は家康に天下の仕置きを託しており、伏見城は天下の仕置きを行う場所だったからだ。

しかし伏見城は豊臣家の聖域でもあったため、豊臣系の大名たちの反発があり、家康といえども最初はなかなか伏見城には入りづらかったのである。

前田利家が死去し、石田三成が佐和山城に引っ込んだ後、ようやく家康は伏見城に入城した。その入城の手引きをした豊臣系大名の一人が堀尾吉晴だったのである。

その褒美という意味があったのか、堀尾吉晴は5万石も加増を受けているのだ。この5万石の加増も、当然のごとく豊臣家の直轄領を削ったものである。

◆ことごとく当たる家康のもくろみ

その後の家康は「もう遠慮はいらぬ」とばかりに、明確に自分の意思で諸大名への加増を行っている。前述したように、家康は、秀吉の死の直前、「知行に関することは絶対に行わない」と誓紙を出していた。にもかかわらず、まるで家康が知行に関しての権利を与えられているかのごとく振る舞うようになるのだ。

慶長5（1600）年2月には、「家康単独の署名」により、森忠政に13万7500石を信濃国において与えるという知行充行状を出している。このときは、他の四人の大老は国に戻っていたので、家康が完全に独断で決めているのだ。森忠政は、美濃国内の7万石程度の大名だったので、およそ倍に加増された上での転封だった。

もちろん、この加増でも豊臣家の直轄領が削られている。

また同じ慶長5（1600）年2月には、細川忠興も豊後において6万石を加増されている。この細川への加増の知行充行状は、前田玄以、増田長盛、長束正家の三奉行の連名によって出されているが、わざわざ「内府（家康）の指示による」という記載があり、家康の意思によるというのは間違いない。

細川忠興は、石田三成を襲撃した七人の武将のうちの一人であり、首謀者だったとされている（詳細は後述）。つまりは、石田三成を失脚させた論功行賞ともいえるのだ。

この慶長5（1600）年というのは、関ヶ原の戦いが行われた年である。家康は関ヶ原の戦いの前に、着々と豊臣家の直轄領を削っていたわけだ。

これらの加増により、豊臣家の軍事力は大きく弱められることになった。慶長3（1598）年時点で220万石程度あった豊臣家の直轄地は、160万〜170万石程度に激減していたと考えられる。

しかも家康は、加増を受ける大名たちに恩を売っているわけである。

秀吉の死後、家康の意による加増を受けた細川忠興、堀尾吉晴、森忠政らは、いずれも関ヶ原では東軍に与している。家康のもくろみは、ことごとく当たったのである。

◆「関ヶ原」のキーマンだった細川忠興

細川忠興という人物をご存知だろうか？

細川ガラシャの夫といえば、ピンと来る方も多いかもしれない。

細川ガラシャとは明智光秀の娘で、細川忠興の夫人のことである。

彼女は本能寺の変では、謀反人の娘となってしまった。夫の細川忠興は離縁することを望まず、丹後の山奥に幽閉する。その後、秀吉の許しを得て、細川忠興の夫人に戻る。そして、キリスト教の洗礼を受けガラシャと名乗る。

関ヶ原の戦いでは、細川忠興は早々に東軍へ参陣した。大坂屋敷にいた細川ガラシャは、石田三成の人質になることを避けるために、家臣に命じて自分を殺させた。キリスト教では自殺を禁じているため、自害はできなかったのだ。この細川ガラシャの死は、すぐに東軍に伝わり「三成憎し」という空気が一気に高まったという。

細川ガラシャの有名なエピソードと比べると、夫の細川忠興はなんとも存在感が薄い。織田、豊臣、徳川の世をうまく渡り歩き、明治維新まで大名家として生き残る基盤をつくったというイメージしか持たれていない。

「関ヶ原の戦い」には数々の有名な物語がある中で、ほとんど目立たないこの細川忠興だが、実は「関ヶ原の戦いにおける引き金を引いた」と言えるほど、重要なキーマンだったのである。

◆石田三成襲撃事件の真相

関ヶ原の戦いの大きなきっかけとして、前述した「石田三成襲撃事件」がある。

秀吉の死後、秀吉恩顧の大名たちは、石田三成らの官吏側と、福島正則、加藤清正などの武断系の間で溝が深まっていたが、大老の筆頭、前田利家のとりなしにより、両者の決裂は避けられていたとされている。

しかし慶長4（1599）年閏《うるう》3月、前田利家が死去すると、その直後に、加藤清正、福島正則、細川忠興、浅野幸長、黒田長政、蜂須賀家政、藤堂高虎の七人が、加藤清正の屋敷に兵を率いて集合。石田三成の大坂屋敷を襲撃したのである。

石田三成は、この襲撃を事前に察知し伏見屋敷に逃れた。

このとき、石田三成は徳川家康の屋敷に逃げ込んだというエピソードがあるが、これは歴史的な根拠はなく、後世の創作だとみられている。が、家康のとりなしにより七人が矛《ほこ》を収め、徳川家の護衛により石田三成が佐和山城に帰還したことは事実である。

この事件により、石田三成は豊臣家奉行の職を辞し、失脚することになった。

石田三成の挙兵の直接のきっかけとなる重要な出来事である。


この石田三成襲撃事件には大きな謎がある。

というのも、この事件は前田利家の死去直後に起きたものであり、あまりにも手回しが良すぎるということである。

そして、この時期はすでに秀吉の惣無事令《そうぶじれい》が出された後であり、中央政権の指示によらない勝手な戦いは、「私闘」として厳禁されていた。場合によっては取り潰しされてしまうこともあったのだ。だから、三成を襲った七人というのは本来厳罰に処されなくてはならない。にもかかわらず、事件後、この七人は罪に問われていないのだ。

この七人も、私闘が厳禁されていることは重々承知していたはずだ。

後世では、この件について、それほど重大な見方はされていない。

「七人の三成に対する怒りがそれほど強かったのだ」

という程度の解釈しかされていないのだ。

しかし、時は戦国の世である。ちょっとしたしくじりで改易や切腹をさせられるのは、日常茶飯事だった。五奉行の一人である石田三成を襲撃したとなれば、厳しい処罰を受けておかしくないはずだ。

そういうリスクを承知で、三成を襲撃するだろうか？　ということである。

七人にはそれなりの「勝算」があったからこそ、三成を襲撃したものと思われる。

「事を起こしても、自分たちが罰せられることはない」

という確証があったからこそ、事を起こしたのではないか。

つまりは、家康の黙認があったのではないか、ということである。というより、一歩進んで、家康の内意を汲んだ行動ではなかったのか。

この襲撃は、突発的に起きたことではなく、かなり以前から用意周到に準備されていたものではなかったのか。そして、家康の意を汲んだ首謀者というのは、細川忠興だったのではないのか、ということである。

それについて、直接的な証拠は何も残っていない。

しかし間接的な証拠はかなり残っているのだ。

◆忠興と家康の経済的な結び付き

細川忠興の格式は、けっこう高い。石田三成を襲撃した七人の中では図抜けていた。細川忠興の細川家というのは、もともとは、足利将軍の家臣であり各地の守護大名を務めた名家である。非常に由緒正しき家なのである。

しかも、父の細川藤孝は早くから織田家の家臣となっていた。忠興自身、信長の仲立ちによって明智光秀の娘を娶《めと》っている。細川家は、すでに信長の家臣時代に、父親の藤孝が丹後の南半分を領する大名になっていた。

また細川藤孝は、秀吉の与力だったので、秀吉とも長い付き合いがあった。

さらに、秀吉が明智光秀を討った山崎の合戦では、細川親子は忠興の妻となっていた明智光秀の娘を幽閉した上で、秀吉軍に馳せ参じ、信長家臣たちが秀吉軍に与する流れをつくるという大きな「勲功」をあげている。

細川家は、本能寺の変の後はそのまま秀吉の家臣になっていた。

豊臣家の家臣の中ではもっとも古いグループであり、いわば豊臣家の生え抜きのメンバーの一人である。細川忠興は、そういう名家の惣領だったのである。豊臣家臣の中では、それなりの存在感、発言力があったはずである。

また三成を襲った七人の武将の中では、細川忠興はもっともキャリアがあった。元来、三成襲撃事件の首謀者とされてきた福島正則や加藤清正は、山崎の合戦の後の賤ヶ岳の戦いあたりから頭角を現してきたものであり、彼らよりは、細川忠興のほうが豊臣家での序列ははるかに高かった。

だから普通に考えれば、この七人が事を起こした場合、細川忠興が主導したということになるはずだ。しかし加藤清正や福島正則のほうが「武断派」のイメージが強いので、彼らが首謀者だったように後世では思われているのだ。

では、なぜ細川忠興が石田三成襲撃事件を起こしたのか？

それは、「三成への敵意」と「家康への好意」だと見られる。

細川忠興は、家康とは一時期まではまったく接点がなかった。しかし、ある出来事を境に強い結び付きが生じるのである。

それは関ヶ原の戦いの5年前のことである。

当時、豊臣家の家中は、豊臣秀次切腹事件で揺れていた。

豊臣秀次とは秀吉の甥（姉の長男）であり、秀吉の身内として取り立てられていた。子供のいなかった秀吉の後継者に指名され、朝鮮出兵の直前の天正19（1591）年には、秀吉から関白職も譲られていた。

が、その直後に秀吉に嫡男の秀頼が誕生し、状況が一変した。秀次は謀反の疑いをかけられ、高野山に蟄居させられた上、切腹を命じられ、さらし首にされた。

この秀次切腹事件では、秀次のこれまでの政治的失敗や散財、好色などが理由にされることもある。が、状況的に見て、「秀頼が生まれたことにより秀次が邪魔になって殺害された」と見るのが妥当だろう。なぜなら、この事件では秀次の一族郎党39名もが皆殺しにあっており、これは秀頼のために禍根を残したくないということの表れだと考えられるからだ。

しかも、この秀次切腹事件はこれだけでは収まらなかった。秀次と関係の深い大名や家臣たちも、追及されることになったのだ。そして実は細川忠興は、豊臣秀次と深い関係にあった。

細川忠興と豊臣秀次がどういう関係だったのかというと、お金の貸し借りをしていたのだ。具体的にいうと、細川忠興が豊臣秀次から黄金１００枚を借用していたのだ。

豊臣秀次は、多額の金銀を諸大名たちに貸していた。

当時、朝鮮への出兵を命じられた大名たちは財政が逼迫していた。細川忠興もその一人だった。秀次はそれを見かねて、黄金を１００枚貸し与えたものとみられている。細川忠興にとっては、これが思わぬ災いとなったのだ。

◆ただのケチではなかった家康

この時期、秀吉サイドでは、秀次に関係の深い者たちの摘発に躍起になっていた。そして、秀次から黄金１００枚を借り受けていたとして、細川忠興もやり玉に挙げられたのである。

秀吉は、異常なまでに秀次関係者の粛清にこだわっていた。秀吉サイドからは、細川忠興も切腹を示唆されていた。

細川忠興の家臣、松井康之の家に残る「松井家文書」によると、細川忠興は謹慎を命じられ、切腹の準備をして秀吉からの命令が下るのを待っていたという。

が、秀吉も冷静さを取り戻したのか、細川忠興に切腹は命じず、改易などの処分も下さなかった。明智光秀の娘を妻に娶っていたにもかかわらず、山崎の合戦では秀吉方について大きな働きをした細川家を信用したのである。

その代わり、秀次から借りていた黄金100枚を、すぐに秀吉に返すように求められた。細川忠興としては、九死に一生を得たものの、この黄金100枚の返還というのが、大変だった。この当時の黄金100枚は、ざっくり計算すると米4万～5万石分となる。20万石程度の大名の1年分の収入にあたる。このような大金が簡単に用意できるものではない。

しかも、この当時はまだ金銀が通貨として流通し始めたばかりのころである。大商人でも、そう簡単には金銀が手に入るものではなかった。おそらく当時、すぐに黄金100枚を用意できるのは、日本で数名しかいなかっただろう。

細川忠興は、当初、前田利家や浅野長政に借用の打診をした。

しかし、どちらも黄金100枚も貸せるものではなかった。前田利家は「米ならば貸せるが黄金100枚は無理だ」と言ってきた。

細川忠興が途方に暮れているとき、家臣の松井康之が「徳川殿にお借りすればどうでしょう」と提案してきた。そして松井康之は、家康の家臣の本多正信に掛け合った。

当時、家康はすでに江戸に金座をつくり小判の鋳造を開始していた。そのため、黄金の所有も少なからずあった。

細川忠興は当初、黄金50枚を家康に所望していた。残りの50枚はどうにかして別で調達しようと考えていたのだ。しかし、家康は黙って黄金１００枚を貸してくれたのである。

もちろん、細川忠興が感激しないわけはない。

おそらく命の恩人のように思ったはずだ。

家康は天下を取った後も、足袋《たび》を履かずにあかぎれになるなど、「倹約家」「ケチ」として名高い。が、このように出すべきときには出しているのだ。

当時の黄金１００枚というと、家康といえども決して少ないお金ではなかったはずだ。それを何の保証も取らずに、さっと差し出せるというところに、家康が天下を取れた理由があるようにも思われる。

実際、細川忠興はこの後、徳川家康の天下取りのために、重要な役割を果たすことになる。本章の冒頭で述べたように、秀吉恩顧の大名たちの分裂を決定的にした「石田三成襲撃」を企てて実行したのである。

それが、関ヶ原への大きな布石となるのだ。

◆忠興が首謀者だった

石田三成襲撃事件の首謀者が実は細川忠興だったというのは、重要な傍証がある。

というのも、石田三成が関ヶ原直前に真田昌幸に出した手紙の中に、

「細川忠興は、太閤様が亡くなった後、徒党を組んでその大将となり、国を乱れさせた」と述べているのだ（原文「長岡越中儀、太閤様御逝去已後、彼仁を徒党之致大将、国乱雑意本人に候」）。

これを見ると、少なくとも石田三成は、細川忠興が首謀者だと確信していたことがわかる。

また三成は、挙兵するときに家康を糾弾する「内府ちがひの条々」という文書を諸将に送っているが、その11条目には、「若い衆をそそのかして徒党を組ませている」（原文・若かき衆ニすくろをかへ、徒党を立てさせられ候事）と述べられている。この「家康がそそのかした若い衆」というのは、細川忠興ではないかと推測されるのである。

さらに石田三成と細川忠興は、仲が悪いことでも有名だった。

一説によると、黄金１００枚の事件について、細川忠興を厳しく追及したのが石田三成だったからとも言われている。

石田三成は、細川忠興が三成に強く反発していたことを知っており、また彼が秀吉の若手の家臣たちの中ではリーダー的な存在だったことも知っている。

だからこそ石田三成は、襲撃事件の主犯は細川忠興であると明言しているのだろう。

◆三成を失脚させた功績としての加増

また前述したように、関ヶ原の直前の慶長5（1600）年2月、細川忠興は徳川家康の意向により6万石を加増されている。

石田三成襲撃事件の七人の中で、このときに加増を受けたのは細川忠興だけである。

細川忠興がなぜ加増になったのか、不可思議である。

当時は、朝鮮出兵の際に大きな手柄があったり、大きな負担を強いられたりした大名は多々いた。そういう大名のほとんどは、まともな褒賞を与えられていない。

にもかかわらず、細川忠興だけが、6万石もの大きな加増を受けているのである。どうみても不自然である。

そして、これは家康の意向ということなのだ。知行充行状には加増の理由は明示されていないが、「徳川家康の意向による」ということは明示されている。このことからも、細川忠興が襲撃事件の首謀者だったこと、それが家康に評価されていたことがわかるはずだ。

秀吉が死亡してから関ヶ原の戦いまでに豊臣政権から出された知行充行状の中で「内府(家康)の意向による」と明確に記されているのは、この細川忠興への6万石の加増のときだけなのである。

先ほども言及した三成が挙兵するときに諸将に送った「内府ちがひの条々」という文書の中には、「家康は知行のことは自分で決めるのはおろか、取次もしないと誓紙を出したはずなのに、勝手に忠節のないものに知行を与えている」という文言がある。

これは、まぎれもなく、細川忠興への加増のことを指していると思われる。

そして細川忠興は、関ヶ原の戦いでは大した軍功も挙げていないにもかかわらず、大きな加増を受け、最終的には加藤清正の後を継いで肥後一国の領主になっている。

家康が「石田三成襲撃事件」を評価していたという、なによりの証左だと思われる。

いずれにしろ関ヶ原において細川忠興は、後世の印象よりはるかに重要な人物だったということは間違いない。

第四章　実は脆弱だった豊臣家の財政基盤

◆意外に少なかった秀吉の直轄領

関ヶ原の戦いの背景には、秀吉と家康の経済力バランスがある。

ざっくり言えば、秀吉が死去した慶長3（1598）年時点で、秀吉と家康の経済力の差は、そう大きくなかったということである。

というより、見方によっては、「家康のほうが経済力は大きかった」とさえ言えるのだ。

それが秀吉の死去2年後に関ヶ原の戦いが生じた遠因でもある。大きな経済力を持った家康としては、秀吉の死んだ豊臣家にいつまでも臣従しているのはバカバカしい、だから天下を取ってやれ、という気持ちになったはずだ。

そしてこの家康の経済力の大きさが、関ヶ原の勝敗のカギともなったのだ。

豊臣秀吉というと、巨大な大坂城、豪華絢爛な聚楽第など、「豪勢」「瀟洒《しょうしゃ》」というイメージがある。だから、豊臣政権の財力は相当に大きかったような印象を持たれがちである。が、実は、豊臣政権というのは、非常に財政基盤が弱かったのだ。

鎌倉以来の武家政権の中では、もっとも弱かったのではないか、とさえ思われる。

というのも、何といっても直轄領が狭すぎるのである。慶長3（1598）年の時点で、豊臣家の直轄領は220万石程度である。一方、徳川家康はこのとき250万石近くを持っていた。家康のほうが大きい版図を持っていたのである。

慶長3（1598）年というのは、秀吉が死んだ年である。この年は、秀吉の財がもっとも大きかったときだと見られる。つまり、豊臣家の最盛期である。それでも領土は家康よりも狭かったのだ。

もちろん、大名の経済力というのは、領土の広さだけでは測れない。

秀吉は、全国の主な金山銀山を手中に収めていた。慶長3（1598）年、豊臣氏の蔵納目録によると、4399枚の金と、9万3365枚の銀が入っている。これは、石高に直すと約300万石になる。つまり秀吉は、領地からの収入220万石と合わせて、520万石の収入があったのである。数字上、家康の倍以上の経済力があったということである。

また秀吉は、堺や博多など、日本の主な国際貿易港も押さえているし、京都、大坂という大商業地も直轄していた。それらの港、都市から上がる税収も相当なものだった。

だから、単純な資産額だけを見れば、秀吉のほうが家康よりもはるかに大きかったということになる。

しかし当時の領地というのは、たんなる資産額だけでは測れない潜在的な価値があった。

領地には、そこから取れる農産物だけではなく、人も付随している。広い領地を持つということは、そこに住んでいる人々をも治めている、ということである。

それは軍事的な動員力となって表れる。

当時の兵の供給場所というのは、圧倒的に郷村だった。また軍役なども、何石あたり何人という決め方をされていた。

たとえば、秀吉の小田原攻めや朝鮮の役のときには、100石あたり五人という基準があった。そして兵糧などを輸送する軍属も、農民から徴発されるのが常だった。

だから領地の広さは、軍の動員力と直結していた。当時の兵や軍属の動員は、主に農村から行われていたのである。大坂の陣のころには、町中にいる浪人をかき集めて「傭兵《ようへい》」

とするようなことも行われるようになっていたが、それは関ヶ原以降のことである。

関ヶ原以前では、兵の供給先は、ほとんどが郷村だったのである。

当時は、まだ現代のように貨幣経済が発達していなかったので、いくら金を持っていても、それだけで多くの兵を動員することは難しかったのだ。だから、豊臣家は兵の動員力では、家康に劣っていたと考えられるのだ。

◆兵の動員力も家康の半分以下しかなかった

しかも秀吉の直轄領は、その石高の少なさだけでなく、その場所や実態も、家康に比べると大きなハンディがあった。

秀吉の直轄領というのは、どこか一カ所に固まって存在していたのではなく、全国各地に点在していた。この直轄領の「全国点在システム」は、「秀吉は直轄領を全国に点在させることで、諸大名に睨みを利かせた」というように評されることが多い。

確かにそういう面もあっただろう。しかし、それは一面的な見方である。

見方を変えれば、秀吉は「ひと固まりになった広大な領土」を持つことができず、「全国各地の諸大名の領土を少しずつ削って直轄領を増やすしかなかった」とも言えるのだ。

つまり秀吉は、他の大きな大名のように「ひとまとめに大きな国を領有すること」ができなかったのである。

これは統治や軍の動員などの面で、非常に不利だった。

豊臣の直轄領は220万石あり、豊臣政権時代の軍役の基準から見れば、数値の上では10万人以上の兵を動員することができる。しかし戦争というのは、「いかに大きな軍勢を素早く動員できるか」が勝敗のカギとなる。豊臣の直轄領は全国に点在しているので、兵を集結させるためにはかなりの時間と手間がかかる。

また小さな直轄地からは、事実上、兵を動員することは難しかった。

次々ページの図表を見てほしい。

これは、慶長3（1598）年時点での豊臣家の主な直轄領を網羅したものである。

これを見ると、豊臣家の直轄領で、10万石以上の領地は10カ所しかないことがわかる。

しかも、この10カ所についても、一つの国の直轄領を全部合わせて10万石以上あるというだけであり、10万石以上の領地が一カ所に固まっているとは限らない。

また1万石以下の小領地が15カ所もある。こういう小さい直轄領のほとんどは、豊臣家から代官も置かれずに隣接する大名が管理し、年貢米などの租税だけを納入していた。

そういう場所から、５００人、１０００人単位で兵を動員させることは不可能であり、もし無理やり行ったとしても、そういう少人数で戦場にバラバラにやってきても、モノの役には立たない。

真に豊臣家の直轄軍といえるものは、関西地域にまとまって存在する直轄領60万〜70万石の武士団くらいのものである。せいぜい多くても5万人程度だろう。

一方、家康の版図は２５０万石であり、その領地は一つに固まっている。家康の指揮の下で、10万人以上はゆうに動員できる。その差は倍である。

もちろん豊臣恩顧の大名も多々いたので、彼らの動員力をすべて合わせれば、家康を大きく凌駕することはできる。

しかし、それは「豊臣恩顧大名が結束している」ということが前提条件となる。

つまり、豊臣恩顧の大名の結束が崩れ、豊臣家対徳川家康という構図になってしまえば、兵力で劣ってしまうのだ。そういう欠点を残したまま、秀吉は死去してしまったのである。

◆戦国時代の覇者特有の経済的ジレンマ

それにしても、なぜ秀吉の直轄領は、これほどまでに少なかったのか？

豊臣家の主な直轄領とその石高

国名	蔵入高(石)	国名	蔵入高(石)
山城	84,868	越前	131,636
大和	100,461	加賀	10,012
摂津	210,031	丹波	55,173
河内	156,535	但馬	5,000
和泉	97,463	伯耆	500
伊賀	2,194	出雲	2,000
伊勢	102,514	播磨	112,203
尾張	144,674	備後	1,500
三河	6,549	長門	1,002
遠江	43,480	紀伊	55,417
常陸	10,000	淡路	28,959
甲斐	10,000	讃岐	13,250
近江	231,061	伊予	70,987
美濃	38,494	筑前	186,077
飛騨	2,003	豊後	168,210
信濃	55,265	肥前	10,000
下野	1,850	肥後	300
陸奥	10,000	合計	2,162,668
若狭	3,000		

慶長3（1598）年　豊臣家蔵入目録

これは「覇者のジレンマ」とでもいうような、戦国時代の覇者特有の経済的ジレンマによるものである。

実は戦国時代の大名たちは、深刻な「土地不足」に悩まされていた。

この「土地不足」というのは、「領民が多すぎて農地が足りない」ということではない。戦国時代というのは、「土地」が何よりの財産とされていた。そして、武家にとっては、土地の広さこそが、自分の価値を図る尺度であり、アイデンティティーでもあった。

そのために、大名たちが土地を奪い合っていたのである。そして大名たちは、「生き残るためには常に土地を獲得し続けなくてはならない」という状態になっていたのだ。

戦国の世では、一人でも多くの武家を味方につけるのが大事である。

戦国武将たちは、各地域の武家たちのそれまでの所領を安堵することはもちろん、さらなる褒美の約束などをして自陣営に引き入れようとした。その褒美の約束を果たすためには、敵から多くの領地を切り取らなければならない。そのため、戦国武将は常に敵を滅ぼしたり、多くの領地を切り取ることを課せられていたのだ。

この「褒美を土地で与える」という戦国時代の武家の慣習は、実は大名たちにとっては非常に不合理なものだった。土地を与えても、もらったほうの忠誠心が長く続くとは限らない。一度もらってしまえば、それはもう自分のモノなので、人の心理として、そう長い間忠誠心を持ち続けることはない。

となると、家臣に忠誠心を持たせ続けようと思えば、常に土地を与え続けなくてはならないことになる。すでに広い土地を与えている家臣に対しても、もしなにか手柄などがあれば、また褒美をやらなくてはならない。

そのためには、褒美として与えられるだけの土地をいつもストックしておかなければならないのだ。

しかし、土地というのは限りがあり、お金のように増やすわけにもいかない。

また戦国時代の後半には、無駄な戦を避けるために、戦わずして降りる者たちが多く現れるようになっていった。その場合、降りるための条件として「所領安堵」を求めることになる。所領安堵というのは、これまで持っていた土地の所有を認めてもらうということだ。つまり「現在の土地所有を保証してくれるなら臣従《しんじゅう》しますよ」ということである。

降りる側は、若干の役（派兵、貢ぎ物など）の義務は生じるが失うものはあまりない。

受け入れる大名の側としては、無傷で勢力範囲を広げることができるが、自分の土地は増えない。土地が増えないと、大名の「運転資金」は枯渇してしまう。

この戦国時代の矛盾パターンは、信長のころからすでに深刻化していた。強大な勢力圏を持ち、天下に号令をかけようとしていたあの信長でさえ、土地不足に悩まされていたのだ。

◆信長がやろうとしていた戦国の土地改革

この土地問題を解消する方法として、織田信長は土地制度を鎌倉以前のものに戻そうとした。

戦国時代の「土地絶対主義」は、実は鎌倉時代以降に生じたものなのである。

そもそも、平安時代以前の日本では土地はすべて国家（朝廷）のものだった。全国の土地は中央政府がコントロールしていた。

「日本の土地はすべて国（朝廷）のものであり、国民に一時的に貸し与えているに過ぎない」というシステムになっていたのだ。

中央政府から「国司」と呼ばれる役人が各地方（各国）に派遣され、その地域の徴税業務など一切を取り仕切っていたのだ。「国司」は一時的にその地域の管理を任されただけであり、任期が終われば京都に戻る。つまりは政府官僚として地方行政を行うだけであり、その地域の統治権を持っているわけではないのだ。

この制度は、奈良時代につくられた律令制度によるものだが、平安時代の末期に崩れ始める。各地の豪族などが、勝手に土地を「私有」し始めたのである。

中央政府から派遣された「国司」の下には、その地域から選出された「郡司」という役職があり、これは徴税実務などを実際に担当していた。その「郡司」が力をつけていき、豪族となって武装していったのである。

また平安時代には、農地を寺社などに寄進する「荘園」も増加していた。荘園の名義上の領主はそのほとんどが京都の貴族や寺社だった。必然的に荘園の経営は、地元の有力者の手に任せられることになる。そして荘園を任せられた地方の有力者たちが、実権を握っていく。そういう者たちのことを「在地領主」や「名主《みょうしゅ》」と言う。

この「在地領主」や「名主」たちも、やがて荘園を私物化し、武装するようになっていた。

それらが「武家」の始まりである。

つまり当初、武家というのは国有地の「不法占拠」から始まったのだ。

そして、平安時代の末期、朝廷や貴族の力が弱まり源頼朝が政権を奪取すると、鎌倉幕府により武家の土地所有が正式に認められることになった。それは室町時代にも引き継がれ、武家の土地所有権は完全に「既得権」となっていたのだ。

そして前述したように戦国時代になると武家による「土地絶対主義」的な社会になったのである。戦国の武家にとっては、土地がすべての基本となっていたのだ。

しかし土地には限りがあるので、このシステムには限界がある。戦国大名たちは、いつまでも家臣に土地を与え続けることはできない。

この矛盾を解消するため、信長は「武家の土地所有権」という既得権を壊し、平安時代の土地制度に戻そうとしたのである。

しかし、現在、土地を領有している武家から、急にその土地を取り上げることは難しい。そのため現在の大名や武将たちに「一時的に土地の管理運営を任せている」という形にしようとしたのだ。そして、いずれ土地は国（信長）に返す。

そうすることで「土地絶対主義」の社会システムを終焉させようとしたのだ。

◆信長が「国替え」を頻発した理由

だから信長は、家臣たちを頻繁に国替えしている。

国替えというのは、いったん家臣に与えた所領を没収し、他の土地を与えるというものである。国替えをすることで、家臣たちに「土地は与えたのではなく、預けているだけ」という意識を持たせたのである。土地はいつ取り上げられても文句は言えないし、いつでも政府（信長）に返さなくてはならない、そういうシステムに移行させようとしたのだ。

信長は、柴田勝家、羽柴秀吉、滝川一益、佐々成政など、主な家臣たちのほとんどに何度か国替えを命じている。

国替えの際には、各武将たちのそれぞれ家臣団も同行した。同行する家臣団の中には、地域の土豪も多数含まれていた。土豪というのは、先祖代々、その地域に根付いて勢力を張っていたものである。そういう者たちも、主君の移動とともに他の地に移されたのだ。

つまり地域に根を張っていた豪族といえども、信長の号令一つで、これまで所有していた土地を取り上げられ、他の土地に移されるということである。

織田家の者たちや信長に臣従する者たちは、どこに国替えになるかわからない。いつでもどこにでも行かなければならない、ということだった。平安時代までの「国司」と同様のシステムである。

これは、当時の武家の常識を完全に打ち破るものだった。

武家にとっては、先祖伝来の自分の土地を守ることは重要な命題だった。「一所懸命」という言葉は、そもそも中世の武士が、自分の土地を命がけで守ったことから生まれたものである。つまり、武家にとって土地というのは、それほど重要なものだったのだ。その大事な土地を、信長は平気で取り上げたのである。当時としては「大改革」といっていいはずだ。

しかし、信長はこの大改革の反動を受けて、斃《たお》れてしまうのだ。

◆本能寺の変を引き起こした土地改革

天正10（1582）年6月、織田信長は、天下統一を目前にして本能寺に斃れる。

この本能寺の変は、戦国時代の謎の中でも最大のものとされてきた。

信長を討った明智光秀は、織田家の家臣の中でも最高の出世をしていた。しかも明智光秀は生え抜きの家臣ではなく、途中から織田家の家臣になったのである。その外様の明智光秀に対して、信長は破格の大抜擢をしてきた。

にもかかわらず、光秀は、突然謀反を起こした。

その理由は様々に取り沙汰されているが、主なものは「信長が光秀にきつく当たりすぎた」というようなものである。

しかし、もし性格が合わないのであれば、ここまで行動を共にするはずはないだろうし、当時の厳しい生存競争の中で、そんな理由で危険な謀反を起こすとは考えにくい。

だから、現在のところ学術的に決定的な理由は見つかっていない。

しかし、土地問題という観点から見ると、この謎は解けるのである。

前項で述べたように、信長は家臣に対して国替えを頻繁に命じている。

だが、明智光秀に対してだけは、国替えを命じてこなかった。

何度か触れたように国替えというのは、これまでの武家の常識を破る大改革である。旧来からの信長の家臣たちはそのやり方に慣れているが、光秀は慣れてない。だから、信長も光秀に気を使って、国替えを命じてこなかったと思われる。

しかし、いつまでも光秀だけを特別扱いするわけにはいかない。

そのため信長は、本能寺の直前に光秀に対して、出雲、石見への国替えを指示したという。

当時、出雲、石見はまだ毛利方の領地であり、これを落とした場合には、国替えをするということだったのだろう。

当時、織田軍は毛利軍との死闘を繰り広げており、出雲、石見は、その最前線となるはずの地域だった。その重要な地域を、光秀に任せるということだったのだ。信長としては、光秀にとって名誉な話であり、決して悪い話ではないと思っていたはずだ。

しかし、その直後に本能寺の変が起きたのである。

それまでの明智光秀は、信長から拝領していた丹波、近江の治政に心血を注いでいた。丹波の亀山（現在の京都府亀岡市）では善政の領主として民に慕われ、現在も光秀を弔う祭りが行われているほどだ。フロイスの『日本史』によると、

「光秀がつくった坂本城は安土城に継ぐ壮麗さだった」

と記されている。

それもこれも、光秀が丹波、近江を「我が領地」と思ってのことである。

だから光秀には、どうしても信長の土地改革が受け入れられなかったのではないか。

それが「本能寺の変となったのではないか」ということである。

◆より深刻になった秀吉の土地不足

また、信長の後を継いだ秀吉には、信長以上に土地に関して深刻な問題があった。

というのも、秀吉は信長よりもはるかに多くの土地を家臣に対して与え続けなくてはな

らなかったからだ。だから、秀吉の直轄領というのは、天下人となってからも驚くほど少ないものだった。

これには、秀吉特有の事情があった。

秀吉が天下取りに乗り出したのは、「本能寺の変」で信長が斃れてからである。秀吉はこのとき中国地方で毛利家と戦っていたが、すぐさま毛利家と和睦を結び、近畿へ急行した。そして、「山崎の合戦」において明智光秀を討ち、天下取りレースの最右翼に躍り出た。

が、この山崎の合戦において、秀吉が率いた軍勢というのは、ほとんどが信長の家臣だったのである。「与力」という形で、一時的に秀吉の指揮下に置かれていただけである。つまり秀吉は山崎の合戦では同僚たちを指揮して戦ったのである。秀吉の直属の家臣というのは、ごく少数だったのだ。

信長の他の家臣たちから見れば、秀吉は同僚に過ぎない。しかし秀吉はこの同僚たちをうまく丸め込んで、いつの間にか主従の関係にしていった。

秀吉は、仲間を上手に使って勢力を拡大した人物である。裸一貫から這い上がった秀吉は、自分を大きく見せるためには他人を利用するしかなかった。これが他の戦国大名と大きく違うところである。

有力戦国大名のほとんどは、大名か豪族の家に生まれており、しかもその大半は嫡男だった。織田信長しかり、徳川家康しかり、武田信玄しかり、上杉謙信しかりである。つまり、有力戦国大名のほとんどは、生まれつきの「殿様」であり「御館様《やかた》」だったのである。

素性がよくわからないまま有力戦国大名にまで上り詰めたのは、秀吉がほぼ唯一といえる（斎藤道三を有力戦国大名に数えれば、彼も入ることになるが）。

自分自身のバックボーンがまったくなかった秀吉は、自分の上司、同僚、部下、仲間を上手に利用することで這い上がっていった。

そのためには仲間に対して、過度な褒美を与え続けなくてはならなかった。秀吉は、かつての同僚たちに大盤振舞をすることで臣下の礼をとらせたのである。

秀吉は版図を広げるたびに、その拡大した領土の大半を部下（かつての同僚）たちに与えたのである。

◆大盤振舞で天下統一したツケ

たとえば、四国征伐を見てみたい。

秀吉が天下を掌握しつつあった天正13（1585）年、四国では長宗我部元親《ちょうそかべもとちか》が伊予、讃岐、土佐、阿波の四国全土を制覇しようとしていた。秀吉は、長宗我部元親が強大な力を持つことを良しとせず、伊予と讃岐を返上するように迫った。長宗我部元親がそれを拒否したため、同年6月に征伐軍を四国に派遣した。

この秀吉の四国征伐軍は、弟の秀長を総大将とし、秀長軍3万、甥の秀次軍3万、宇喜多秀家、蜂須賀正勝、黒田官兵衛ら2万3000、毛利軍3万〜4万という総勢10万以上の大軍だった。この兵数を見れば、四国征伐軍の主力は秀長軍、秀次軍であり、それは「秀吉直属軍」だった。つまり、四国征伐というのは、秀吉の直属軍が中心になって行われたものなのである。

四国の覇者、長宗我部元親も、10万の秀吉軍には太刀打ちできず、8月には降伏した。これにより、長宗我部元親には、土佐一国だけが残され、伊予、讃岐、阿波の3カ国は秀吉に取り上げられることになった。

では、伊予、讃岐、阿波は、どういう分配をされたのだろうか？

阿波は蜂須賀正勝の子の蜂須賀家政に、讃岐は仙石秀久に、伊予は小早川隆景に与えられたのである（それぞれ内訳については、さらに細かい分割がある）。

蜂須賀正勝は秀吉の昔からの盟友とはいえ、秀吉にとっては他人である。また仙石秀久も秀吉の家臣ではあるが、これまた他人である。小早川隆景にいたっては毛利家の人間である。

この四国征伐において主力となったのは、先ほども述べたように秀吉家の直属軍である。にもかかわらず、秀吉は四国では領土を少ししか得ていないのだ。

九州征伐や、小田原攻め、奥州征伐などにも同様のことがみられる。

このような「大盤振舞」が、秀吉の特徴なのである。

大盤振舞することにより、多くの武将たちが秀吉の元に集まってくる。そのため天下統一の事業は、加速度的なスピードで進んだ。

しかし、秀吉は天下を統一したにもかかわらず、直轄領はあまり多くないというジレンマを抱えることになったのだ。

◆秀吉が出した「天下惣無事令」の矛盾

関白となった秀吉は、天正13（1585年）年に惣無事令を出した。

惣無事令とは「現在行われている戦争をすべて終結させよ。以降、戦争を行えば、それは私戦であり処罰する」という命令のことである。

この惣無事令は、戦国の世をすみやかに収束させるということには役立った。

しかしこれにより「新たな領地を獲得する」という戦国武将にとっての「事業経営の基本パターン」が使えなくなった。秀吉は惣無事令によって、日本全土の争乱をすみやかに治めたが、もう新たに領地を獲得できる可能性がほとんどなくなったのだ。

前述したように戦国武将の「事業」は、「領地を獲得し続ける」ことで回っていた。秀吉は、惣無事令を出したことによって、そのサイクルを自ら止めてしまったのである。

この行き詰まりを解消するために秀吉は、信長が行おうとしていた「土地改革」を引き継いだ。「武家の土地所有」という原則をなくし、「土地は天下のモノ」という古代朝廷の原則に戻そうということである。

天正15（1587）年に出された伴天連追放令の中には、「国郡在所知行等、給人に下され候義は当座のこと、天下よりの法度を相守り、諸事その意を得るべし」とある。

つまり「武家等に与えられている領地は、一時的なものに過ぎない。その天下の法を心得るべき」ということである。

秀吉は、それを天下に見せしめるように頻繁に「国替え」を行った。

秀吉の政権時代に、国替えをされていないのは毛利家や東北、九州の遠隔地の大名の一部に過ぎなかった。島津家などは本家の国替えこそされていないものの、島津家内部での家臣の国替えを指示されていた。

が、秀吉は、信長が本能寺で斃れた状況もよく知っているので、それほど無茶な国替えは行わなかった。国替えをする際は、ほとんどが加増になっていたのである。

それでも、国替えに抵抗する者もいた。

たとえば秀吉が九州を平定したとき、秀吉軍に与した宇都宮鎮房《しげふさ》に、豊前の城井谷《きいだに》3万5000石から伊予今治12万石に転封の指示をした。石高だけを見れば、3倍以上の大栄転である。

しかし宇都宮鎮房は、鎌倉時代からの先祖伝来の地にこだわり、この転封を拒絶した。秀吉はこの宇都宮鎮房を許さず、最終的に宇都宮鎮房は黒田官兵衛により謀殺され、宇都宮家は断絶している。

また信長の次男である織田信雄《のぶかつ》は、家康が関東に国替えになった後の跡地への国替えを促されたが、これを拒否した。父の代から保持していた尾張、桑名を出たくないということだった。秀吉は、この織田信雄に対しても「取り潰し」という厳しい処分を下している。

◆秀吉が征夷大将軍にならなかった本当の理由

ところで、秀吉は征夷大将軍にならなかった。征夷大将軍になるだけの力量は持っていたのに、秀吉は征夷大将軍ではなく「関白」という官職を選んだ。

征夷大将軍というのは、事実上の武家の棟梁であり武家として最高の地位だった。

一方、関白というのは朝廷の中では首相クラスの官職だったが、当時の朝廷は政治権力をほとんど持っていなかったので、有名無実化していた。

にもかかわらず、秀吉は征夷大将軍ではなく、関白の地位を選んだのだ。

これは、日本史の上で長らく謎とされてきた。

「秀吉は身分が低く征夷大将軍になれなかった（平氏、源氏ではなかったので）」という説もあるが、これは妥当だとは思えない。なぜなら官職の地位からすれば、関白のほうが征夷大将軍よりも高いのである。

原則としては、秀吉には関白になる資格はなかった。しかし秀吉は、公家の近衛前久《このえさきひさ》の猶子《ゆうし》になるという裏ワザを使って関白に就いているのだ。これを見れば、征夷大将軍になるのは、もっとやさしかったといえる。

では、なぜ征夷大将軍にならなかったのか？

この謎も、土地問題を絡めて考えれば、解けてくるのである。

何度か触れたように、この時代の武家というのは、土地を所有することを命題としていた。

そもそも日本の土地というのは、すべて朝廷の管理下にあったはずだが、代官たちや豪族が勝手に占拠してしまったことで、武家の土地所有が始まったのである。

各地域の土地の大半を武家が所有するという土地制度は、政権側から見れば非常に不都合だった。

だから、古来からの土地制度に戻し、武家の土地所有権は認めず、

「武家はあくまで朝廷の命に従って土地を管理しているだけ。朝廷の命により、いつでも他の土地に移されたり、土地を取り上げられるようにする」

信長や秀吉はそう考えていたのだ。

そして「征夷大将軍」というのは、そもそも東日本地域を平定する使命を持った官職である。源頼朝がこの官職のまま幕府を開き、政権を担ったので、武家政権の長というイメージが定着したが、そもそも政権担当者の官職ではない。

つまり征夷大将軍という官職は、武家がなし崩し的に得てきた既得権益の象徴なのであ

る。だから武家の既得権益を壊そうとしていた秀吉は、征夷大将軍になるわけにはいかなかった。朝廷から、本来の「政治職の官職」をもらう必要があったのだ。

本来、朝廷で政権を担当するのは関白なのである。

秀吉は源頼朝以来の「武家政権」をつくるつもりはなく、武家がなし崩し的に獲得してきた各種の特権を廃止し、朝廷による正規の政権をつくるつもりだったと思われるのだ。

そうすれば土地問題も解決されるし、朝廷と幕府の二重構造問題も解決される。秀吉は、そうもくろんでいたのではないだろうか。

◆大量の金銀を大名たちに配った裏事情

天正17（1589）年5月、秀吉は、大判、小判を公卿《くぎょう》や武将たちに分け与えている。

金判4900枚、銀判2万1100枚、合計2万6000枚。通貨価値にして、36万5000両である。「椀飯振舞《おうばんぶるまい》」「太閤の金賦《かねくばり》」と呼ばれるものである。

これは、もちろん秀吉が自らの財力を大名たちや世間に誇示するためのものだった。当時、秀吉は天下統一を果たし、日本全国の主要な鉱山を直轄していた。莫大な金銀が手に入るようになったのである。それを大名たちに見せつけたわけである。

が、もう一つ、大きな理由があると考えられる。

「秀吉には、もう諸将たちに分け与える土地がなかった」

ということである。

天下を統一したということは、もう新たに土地を得ることはできない、ということでもある。

前述したように、秀吉は天下統一の過程で、自分の体力以上に家臣に土地を与え続けてきた。秀吉自身の直轄領は非常に少なく、もうこれ以上、家臣に土地を与えるのは難しい。土地を与えることができないから、金銀を取らせたのではないか、ということである。

◆官位を大乱発した背景にも……

また秀吉は、各武将に対して非常に多くの官位を与えている。

これも、「覇者のジレンマ」を解消するための一策だったと思われる。「土地を与えて臣従を誓わせる」のではなく、官位という名誉を与えて臣従させるということである。

秀吉は事あるごとに各武将に「官位」を授けた。官位というのは朝廷が出すものなので、形式的には秀吉が出したわけではないが、実際は秀吉が朝廷に申請することで、官位を授与されているのである。

秀吉は惣無事令を出した後、全国の大名に対し上洛を命じた。

「俺のところに挨拶に来い」

というわけである。

挨拶に来た大名に対しては、朝廷に申請して官位を授与させたのだ。その手続きをすることで、その大名はなんとなく秀吉と臣下の関係を結んだような形になったのである。そして挨拶に来なかった大名は、討伐の対象になったのだ。また何か手柄を立てた武将や、秀吉にとって大事な関係の武将に対しても、高い官位を授与させた。

秀吉の時代は他の時代に比べて、武家に対する官位が非常に乱発されているのである。秀吉の時代、朝廷の官位の中でも最高クラスである「公卿」に、秀吉をはじめ、家康、前田利家など武家が12人も名を連ねている。公卿というのは、公家の中でもごく少数しかなれず、当時は46人しかいなかった。そのうち12人が武家だったのである。

信長の時代は、公卿になっていたのは信長、信忠（信長の息子）、足利義昭のわずか3人である。家康の時代にいたっては、武家への高官位の授与が廃止されている。

秀吉の時代だけ、武家の高官位が異常に多いのだ。

そして秀吉は高官位だけでなく、中以下の官位も大乱発している。

これは秀吉が土地を与えることができないことと関係があると思われる。

土地を与える代わりに官位を与えることで臣下の関係を築く、ということである。さらにいうならば、武家を朝廷の官位に取り込むことによって、土地にこだわり続けた「武家社会」の時代を終わらせようとしたのではないか。

◆「覇者のジレンマ」としての朝鮮の役

秀吉が行った「朝鮮征伐」も、「覇者のジレンマ」の解決策の一つだったと考えられる。

前述したように、秀吉は領地を諸大名に惜しみなく与え、大盤振舞することで、迅速な天下統一を可能にした。

しかし、日本にはもう新たに獲得できる領地はない。

そのため、朝鮮、明を攻め取ろうということである。

明は日本の何十倍もの土地があることが知られていた。朝鮮と明を手中に収めれば、土地問題など一気に解決してしまう、ということである。

秀吉が朝鮮への侵攻計画を明らかにしたのは、天正13（1585）年のことである。関白に任官した直後のことであり、まだ九州平定も終わっていない時期である。

だから世に言う「朝鮮征伐」とは、朝鮮との関係がこじれて出兵しようとしたのではなく、朝鮮と交渉をする前から「出兵ありき」だったのだ。

この朝鮮への出兵は、そもそもは信長の発案だったとされている。

フロイスの『日本史』には、信長が、

「毛利を平定して、日本六十六カ国を支配したら、一大艦隊を編成して明を武力で征服する。日本は我が子たちに分かち与える」

と語っていたことが記されている。

つまりは信長は天下統一したあかつきには、大陸に乗り出して明までを支配下に置こうと考えていたのだ。秀吉は、このアイディアを踏襲したものと思われる。

なぜ信長が明に乗り出そうと考えたのかは、史料が少なく決定的なことはわかっていない。謁見したフロイスや南蛮商人などから、「明や朝鮮の軍事力は大したことがない」というようなことを聞かされていたのかもしれない。そして「土地不足」の解消策として、明への侵攻を考えたというのが、妥当なところではないか。

その信長の明侵攻作戦を、秀吉はそのまま引き継いでしまったものと思われる。

しかし、この朝鮮への出兵が豊臣恩顧大名たちの亀裂を生み、豊臣家滅亡の大きな要因となってしまうのだ。

第五章　天下取りに向けた家康のしたたかな経済戦略

◆「覇者のジレンマ」がなかった家康

前述したように信長と秀吉は、天下統一事業が進むにしたがって「覇者のジレンマ」に悩まされるようになった。信長は、「覇者のジレンマ」を解決するため急激な土地改革を行い、そのために命を落としてしまった。そして秀吉もこのジレンマの解消のために、無謀な朝鮮征伐を行い晩節を汚すことになった。

しかし、信長、秀吉から天下を受け継ぐことになる家康は、この「覇者のジレンマ」にほとんど悩まされることがなかった。

それは、なぜなのか？

実は家康は、信長や秀吉とは天下取りの手法が大きく違ったからなのである。

簡単に言えば家康は、「天下統一のために自分から動くことはなく、受動的に天下の情勢を乗り切っているうちに天下が転がり込んできた」のである。

信長や秀吉の天下取りの手法は、「自分は天下を取るんだ」という強い意志のもと、自分の前に立ちはだかるライバルと激しい攻防を繰り広げ、これを一つずつ倒していき、最終的に日本全土に自分の勢力範囲を広げる、というものである。

たとえば信長や秀吉は、天下にのし上がるための象徴的な戦いがいくつもある。

信長の場合は、「桶狭間の戦い」に始まり、「姉川の戦い」「本願寺の戦い」「長篠の戦い」など、いくつもの有名な戦がある。

秀吉の場合も、「山崎の合戦」「賤ヶ岳の戦い」など、飛躍の足掛かりになるような大きな戦いを何度も行ってきた。

しかし家康の場合、このような飛躍の足掛かりになるような戦いは、ほとんど見られないのである。家康は、「ライバルと激しい攻防戦を繰り広げ、最後には打ち勝つ」という場面がほとんどないのだ。

「家康の出世の足掛かりとなった大きな戦い」

と聞かれて、戦いの名称がパッと思い浮かぶ人はほとんどいないはずだ。

では、家康はどうやって天下を狙えるほどの実力を持ちえたのか？

家康は「火事場泥棒」「棚からボタモチ」に徹していたのである。

家康は、関ヶ原の戦いの前までは、自分から大きな事（戦い）を起こすようなことはほとんどなかった。近くに巨大な勢力がある場合は、その勢力に決して反抗しなかった。辛抱強く良好な関係を維持したり、臣従したりしてやり過ごしてきた。

そして巨大勢力同士が相争い、どちらかが敗れて弱体化したときに、一気に攻め込むのである。つまりはハイエナのような方法で、版図を増やしていったのである。

◆桶狭間の戦いで漁夫の利を得る

家康をもっとも飛躍させた戦いは、実は「桶狭間の戦い」と「本能寺の変」である。

こういうと違和感を持つ歴史ファンも多いはずである。桶狭間の戦いでは、家康は今川方に参加しており、敗北側にいた。本能寺の変のときも家康は丸腰で堺見物をしており、命からがら国に逃げ帰った。だから、これらの戦いで飛躍したなんてことはないはず……。

戦国史を少しでもかじっている人は、間違いなくそう思うだろう。が、「桶狭間の戦い」でも「本能寺の変」でも、家康は、「その後」に大飛躍を遂げているのである。

桶狭間の戦いでは、確かに家康は、今川方に属し今川軍に従軍していた。しかも、敵勢力内で兵糧の搬入をするという危険な業務に従事させられていた。当時の家康は、今川家に人質として取られており、そういう粗雑な扱いを受けていたのだ。

しかしご存知のように、当主の今川義元は信長軍の奇襲を受け、「よもやの討死に」をしてしまう。家康はこれを好機とし、今川家が大混乱しているドサクサに紛れて、人質から脱け出し今川から独立したのだ。そして、あっという間に今川領だった三河国を平定してしまった。しかも三河国を奪った後は、今川を討った信長と同盟を結んだ。

家康が戦国武将として頭をもたげてくるのは、このときからなのである。

◆「本能寺」後、したたかな家康の真骨頂を発揮

その後、家康は、信長の同盟者として、信長のために粉骨砕身の働きをする。

信長の同盟者というより、家臣のような存在だった。そして信長の勢力拡大に伴い、家康もそれなりに版図を拡大していった。

信長が天下統一を目前に控えたとき、「本能寺の変」が起きる。

本能寺の変の当時、家康は信長に招かれ、少人数の家臣のみで堺見物をしていた。堺や

京都などは明智光秀の支配下となったため、家康は非常に危険な状態に置かれた。家康は、家臣の手助けで命からがら三河に戻る。

が、そこからが家康の真骨頂だった。

三河に隣接していた甲斐、信濃は、わずか3カ月前に武田家の滅亡によって信長に領有されたばかりだった。もちろん信長の急死によって、大混乱をきたしている。

この混乱に乗じて、家康は甲斐、信濃に侵攻するのである。そして瞬く間に甲斐、信濃地方に大きな版図を獲得した。これにより、家康は大大名に出世したのだ。

「本能寺の変で飛躍した人物」というと秀吉ばかりが取り沙汰されるが、家康もそれと同等か、それ以上の飛躍を遂げているのである。

しかも家康は、秀吉の「山崎の合戦」「賤ヶ岳の戦い」などのような激しい死闘は行っていない。大混乱している織田領（旧武田領）に攻め入っただけである。

家康というと「律義者」というイメージがあるが、これを見ると決してそうではないことがわかるはずだ。相手が強いときにはひたすら臣従するが、その相手が死んだ途端、その旧領地に攻め込んでいるのである。

秀吉は、「信長から多くのものを奪って天下を取った」と批判されることがあるが、「家康も信長から相当のものを分捕っている」のだ。しかも秀吉の場合は、一応、信長の死後もしばらくは家臣という立場をわきまえていたが、家康の場合は、露骨に同盟者から侵略者に変節するのだ。

これほどの裏切り行為はないといえるだろう。

◆「小田原攻め」でも不義理を働いて大躍進

また家康は、秀吉の「小田原攻め」においても大躍進する。

小田原攻めというのは、惣無事令を出したにもかかわらず、関東でまだ戦闘をやめない北条氏を、天正18（1590）年に秀吉が力ずくで征伐した戦いである。

秀吉は20万もの大軍を動員し、巨大な付け城「石垣山城」をつくるなどして、小田原城を半年にわたって完全に包囲するというスケールの大きな戦いだった。関東で最大を誇った小田原城も、秀吉の軍事力、経済力に圧倒され、降伏開城した。北条氏はこの戦いで滅亡することになった。

実はこの小田原攻めの直前まで、家康は北条氏とは同盟関係にあった。また北条家当主の北条氏直は娘婿でもあった。信長が本能寺の変で斃れた後、家康は北条氏とともに、甲斐、信濃に兵を進めて、旧信長領を切り取り放題に切り取ったのである。

いわば、家康と北条氏は、織田家を裏切った仲間同士だったのだ。

しかし秀吉の天下統一がほぼ確定すると状況は変わってきた。北条氏は秀吉の怒りを買い、ついに征伐軍が派遣されることになった。

当初、家康は難しい立場に立たされ、秀吉と北条家とのとりなしに動いた。が、これが果たせずに秀吉が小田原征伐を決定すると、今度は小田原征伐軍の急先鋒として働いたのである。もちろん、家康は秀吉のために粉骨砕身したわけではない。「火事場泥棒主義」の本領を発揮したのだ。

秀吉は20万の兵力で、小田原城を二重三重に包囲して閉じ込めた。そして周辺で孤立している北条家の支城を落としていく作戦を立てた。

家康はこの支城を落とす際に、大きな働きをした。北条軍は領内の主な武将たちを小田原城に籠城させており、支城の兵は少数だった。

そのため、家康軍は瞬く間に北条の支城を落としていった。

『房総治乱記』ではこのときのことを「家康公の御威光の前には、一日中五十の城落とさる」と述べている。1日で50の城を落とした、というのは大げさだとしても、支城の多くが家康の軍勢によって落ちたことは間違いないだろう。

この小田原征伐においてもっとも軍功があったのは、客観的に見て家康だった。秀吉としても、家康に相当の褒賞を与えなければならなかった。

秀吉は、家康に北条氏の旧領の大半250万石を与えることにした。その代わり、現在の遠江《とおとうみ》、駿河地域からは立ち退かせる、という妙手を繰り出したのだ。

◆転機となった関東転封

秀吉は小田原征伐が終わると、ほぼ同時に家康を関東に転封させている。

この家康の関東転封が、実は「関ヶ原の戦い」の大きな伏線になっているのである。

家康はこの関東への転封により、それまでの5カ国150万石から、一挙に8カ国250万石の大版図を手中にすることができた。

関ヶ原で家康が勝利することができたのも、この大版図があってこそ、である。

なぜ秀吉は家康の関東転封を命じたのか?

家康の小田原征伐での働きに対して、秀吉は褒賞を与えなくてはならない。が、秀吉としては、家康がこれ以上、大きくなっては困る。

そのため、苦肉の策として、北条氏の旧領の大半を与える代わりに、現在の遠江、駿河地域から出ていかせるという「転封」を命じたのである。

一応、形の上では、100万石の大加増だった。家康はこれで150万石から一挙に250万石を領有することになる。それは、秀吉の版図を超えるものだった。

しかし転封というのは、当時の武将たちにとっては大きな負担だった。

戦国時代当時の大名や武士というのは、土地と一体となっていた。

その土地土地の地侍や農民を手なずけることで、年貢を徴収したり、諸役を課したりすることができる。年貢の徴収方法や諸役などには様々な「ローカルルール」が存在し、治政は一筋縄ではいかないことが多かった。

また戦争の際には、地侍や農民から、兵士や軍役を動員しなくてはならない。徴税や兵役がスムーズに行われるためには、領民たちと長い時間をかけて信頼関係を築かなくてはならない。

しかし、転封のときには領民までは一緒に連れていけないので、彼らを手放さなくてはならない。せっかくこれまで築いてきた信頼関係が全部失われるのである。そして、新たな領土で、新たに領民との関係を一からつくらなければならないのだ。

つまり転封は大きな労力をともなうものだったのだ。

また、前述したように、この転封というのは当時の武家社会にはなじんでいない「新しい制度」だった。武家というのは、自分の土地を守り抜くことが命題であり、そうすることで存在してきた階級だった。転封というのは、それを否定することである。

この転封は近世になってからでは織田信長が始めたものである。これには抵抗も大きかった。かの本能寺の変も、明智光秀の転封が大きく関係していると考えられることは前に触れた通りだ。

徳川家としても、転封は喜ばしいことではなかった。

150万石から250万石へ大加増になるといっても、土地を移ることの大変さを考えれば、先祖伝来の地にいたほうがマシだったのである。実際、この転封に関して、本多忠勝、榊原康政など重臣たちはこぞって反対したといわれている。

◆家康転封の秀吉の狙い

秀吉は、転封を命じることで家康を窮地に追い詰めようとしていたとみられる。

家康の家臣たちが猛反対することは目に見えていた。

だから、「家康は、転封をすんなり受け入れることはないだろう」と踏んでいたと思われる。そして、家康が転封を断れば、それを口実に家康を征伐するというプランもあったのかもしれない。

また、もし家康が転封を受け入れたとしても、無事に統治できるようになるまでは、相当に苦労するはずだった。

実際、秀吉の家臣だった佐々成政は、天正15（1587）年に肥後一国を与えられたが、すぐに国を揺るがすような一揆が起きたため、その責任を問われ、天正16（1588）年、切腹を命じられている。家康の関東転封のわずか2年前のことである。

もしかしたら、家康も関東に移った途端に一揆などが頻発し、治政に大きくつまずくかもしれない。少なくとも家康が関東を統治できるようになるまでには時間がかかると、秀吉は踏んでいたはずだ。

そもそも古来から関東というのは、統治がしにくい場所として知られていた。豪族がひしめいている上に、各自の自立心が強かったのだ。平安時代には「東国の租税は、他の地の半分でいい」とさえいわれていた。つまり東国は徴税しにくいので、他の地域の半分でも徴税できればそれでOKとされてきたのだ。

秀吉としては、そういう場所に家康を配して、統治に苦労させようということだったはずだ。

◆秀吉の誤算

しかし、秀吉のもくろみは大きくはずれることになる。

案に反して、家康の転封は非常にスムーズにいったのだ。

関東八州では、小田原征伐が終了した時点で、主な豪族のほとんどが消滅していた。

というのも北条氏は、配下の主な武将のほとんどを小田原城に入れていたのだ。武蔵の上杉氏、上田氏、上野《こうずけ》の由良氏、下総《しもうさ》の千葉氏、相馬氏、大須賀氏、常陸《ひたち》の岡見氏、土岐《とき》氏、下野の那須氏、壬生《みぶ》氏、長尾氏など目ぼしい豪族のほとんどが、小田原城で籠城していた。

そのため北条氏が秀吉に降ったときに、豪族のほとんどは北条氏もろとも滅んでしまったのだ（『江戸と江戸城』鈴木理生著、新人物往来社）。

家康が関東に入ったときには、地元の勢力が抵抗するようなことはほとんどなかった。

当時の家康は、天下に聞こえた大武将であり、家康に歯向かうほどの力のある豪族は、ほとんど残っていなかったのである。家康とその家臣団は、地侍や農民との間でも、それほど大きなトラブルが起きることはなかった。

家康は150万石から250万石という100万石の加増となっており、家康の家臣団を養うくらいの土地は十二分にあった。家康家臣団が入ってきたことで、現地の地侍や農民と利益衝突するということも、あまりなかったのである。

そして家康は、北条氏の旧家臣たちも積極的に家臣に登用した。そうすることで、浪人たちが一揆や騒乱を起こすことを未然に防いだのである。

◆なぜ秀吉は家康に江戸居城を勧めたのか

天正18（1590）年8月、徳川家康は江戸城に入城した。いまでこそ、江戸（東京）というと世界有数の巨大都市だが、戦国時代の江戸というのは辺鄙《へんぴ》な田舎だったのである。

当時、関東には、鎌倉幕府が置かれていた「鎌倉」という都市があった。

また北条氏の本拠地であった小田原は、京都にたとえられるほど栄えていた。家康は、この二つの主要都市を選ばずに、まだ片田舎だった江戸に居城した。

なぜ家康が江戸に居城したのかは諸説ある。

『落穂集』など複数の資料では、家康は当初、小田原に居城しようと考えていたが、秀吉に「江戸」に居城することを勧められたとされている。
また家康自身が選択したという説もある。
が、結果的に、江戸を選んだのは吉と出るのである。

後年の江戸の発展を見たとき、江戸は首都として絶好の位置にあったということがわかる。鎌倉は土地が狭すぎるし、小田原は関東を治めるには西に寄りすぎている。そのため、江戸は、関東八州の「首都」としては一番いい条件を持っていたのだ。

これには「秀吉はなぜわざわざ家康の有利になるようなアドバイスをしたのか?」という疑問が残る。が、秀吉が江戸を勧めたというのは、当時の状況から見れば不自然なことではない。都市建設にかかる費用と手間と時間を考えたとき、家康が江戸に居城することは、秀吉にとって好都合にみえたのだ。

家康入城以前の江戸は、広大な湿地帯であり、都市開発するためには大掛かりな土木工事が必要だった。もちろん、莫大な建設費用、膨大な手間と時間がかかる。

秀吉としては、秀頼が成長するための時間稼ぎをする上でも、家康に手間と時間がかかる場所に住んでいてほしかったわけである。

家康が小田原や鎌倉に居城した場合、あまり都市建設の必要はない。すぐに国許の態勢を整えることができる。しかも、小田原や鎌倉は、豊臣家の大坂や京都に近い。だから秀吉としては、家康に小田原や鎌倉に居城されては都合が悪かったのである。

江戸は、大坂や京都から遠く離れており、しかも都市建設に莫大な費用と時間がかかる。秀吉にとっては、家康の居城としてもっとも好都合な場所だった。だからこそ、秀吉は家康に江戸を勧めたものと思われる。

◆家康の不気味な財政力

家康が関東への転封を承諾し江戸への入城を決めたのは、天下人である秀吉の命に逆らえなかったこともあるだろうが、財政的な自信もあったのではないか、とみられる。

つまりは家康には大規模な都市開発をするだけの財政力があったということである。

秀吉政権時代、家康がどの程度の財政力を持っていたかは、あまり記録が残っていないので、正確なことはわからない。しかし相当な資産を持っていたはずである。

家康は、それまで三河、駿河などの豊饒な国を五カ国も領有していた上、領内には日本で有数の金山（甲斐の黒川金山など）も抱えていた。

この甲斐の金山のおかげで、金銀もかなり溜め込んだと思われる。

甲斐の黒川金山は、戦国時代当時、日本で一、二を争う金の産出量を誇っていた。江戸時代の初期には、毎年1万両近くの金が産出され、世界最大級とされた佐渡金山にも匹敵するほどの産出量を誇ったのである。

家康は、天正10（1582）年、織田領だった甲斐に侵攻した。当時は本能寺の変の直後であり、甲斐の織田領は大混乱していた。その混乱に乗じて甲斐を手中に収めたのだ。

それから、天正18（1590）年に関東に転封になるまでの8年間、家康は甲斐を支配下に置いていた。

そして家康はすでに秀吉政権の時代に、江戸で独自の「金の小判」を発行しているのだ。家康が江戸に移ってほどない文禄4（1595）年のことである。家康は、金職人の後藤庄三郎光次《みつつぐ》に命じて「金座」をつくらせている。この後藤庄三郎光次は、武蔵墨書《すみがき》小判、駿河墨書小判、額一分金などを製造したと見られている。「金の小判を発行している」ということは、それだけ金の保有量が多かったということでもある。

ちなみに、この金座のあった場所に、後年、日本銀行がつくられることになる。

◆秀吉の妨害工作をうまくクリア

秀吉は、家康の江戸建設に関して、様々な妨害工作を行った。

家康に大坂城の普請などを命じて、その財力を削ごうとしたのだ。

そして文禄3（1594）年には、伏見城の築城を命じた。この伏見城築城のため、江戸城の建設工事は、一時、中断せざるを得なかった。

また秀吉は死の直前、家康に対し「自分が死んだ後、3年間は京都に残って政務を執るように」と命じている。そして、わざわざ念押しに「江戸のことが気になったとしても、江戸の施政は息子の秀忠に任せよ」と述べているのだ。

つまりは、家康が自国領の態勢を整えるまでに時間がかかるようにしておき、その間に豊臣秀頼を成長させてしまおうという魂胆だったのだ。

これらの様々な秀吉の妨害工作にもめげず、家康は着々と領内整備を行った。また家康には、国許の治政を任せられる優秀な家臣が多数いた。そのため、家康が京都に出ずっぱりであっても、江戸の建設は進められたのである。実際、秀吉の晩年から関ヶ原の戦いまでの間、家康はほとんど京都、大坂で「天下の政務」に携わっていた。

にもかかわらず、秀吉の死から2年後の関ヶ原の戦いのときには、家康は領内を掌握しており、大規模な兵の動員も可能な状態だった。

秀吉の予想よりもはるかに早く、家康は態勢を整えてしまったのだ。

それが「関ヶ原の戦い」の勝敗に大きな影響を及ぼすこととなった。

ちなみに秀吉が行った「各大名に天下普請をさせることで、大名たちの財政力を削ぐ」という手法は、徳川幕府も踏襲するようになった。江戸時代を通じて、幕府は何かと理由をつけては各大名に「天下普請」を言いつけたため、各大名の財政力は大きく損なわれたのである。

◆経済効率が抜群に高かった家康の拡大戦略

家康の「火事場泥棒戦略」「超節約戦略」は、後世の目から見れば、「汚い」「せこい」と映る。

が、経済効率で見るならば、これほど優れた勢力拡大方法はないといえる。

というのも、無理に強敵を破ろうとすれば、大きな出費や犠牲を強いられるのだ。

大きな戦いに勝つためには、大量の武器、兵糧が必要になるし、人的損失も大きい。

また調略で味方を増やそうとしても、大きな代償が必要となる。敵方から寝返った武将たちには所領を安堵したり、場合によっては加増をしなければならないからだ。

だから経済効率から見れば「強敵とは戦わず従っておく」のが最善なのだ。

そして、相手が弱ったときに叩く。

もちろん相手は弱っているので、叩くときにそれほど大きな代償は必要ない。しかも大きな版図拡大ができる。つまり、少ない出費で大きな成果を得ることができるのだ。

家康の「強い相手とは辛抱強く仲良くし、弱くなったら容赦なく叩く」というのは、これ以上ないというほどの経済効率の高い戦略だったのである。

しかし、この「棚からボタモチ戦略」には、大きな欠点があった。

それは、「自分から能動的に動けない」ということである。自分から天下を取ることを企図し、それを実行に移そうとする人にとっては、この戦略は使えない。

この戦略は、「ひたすら誰かが大転びするのを待つ」というものであり、「自分の計画」ではなく「天運」のみで事が動くのだ。

もちろん、待っている間も、内政や軍備などそれなりのことはやっている。しかし、自分から大きな行動をすることは決してないのだ。これは、もしかしたら「計画的に何かを行う」よりもはるかに強い信念が必要かもしれない。

来るかどうかわからないチャンスをひたすら待つのである。相当の忍耐力が必要である。

家康は、この能力については非常に秀でていた。

彼は、幼少期から人質として、周辺の強力な大名家を転々とする生活をしてきた。その厳しい境遇は、自分自身の力ではどうすることもできず、とにかく何かが変わるのを待つしかなかった。その生い立ちが、家康の「棚からボタモチ戦略」の礎《いしずえ》になっているのだろう。が、この「棚からボタモチ戦略」こそが、最終的に徳川家に天下を取らせることになった。またその徳川政権が260年も続いたのは、家康が創業時に莫大な財産を蓄えていたからなのだ。

それだけの財産を蓄えられるということは、戦費がそれほど必要なかったということでもある。つまり江戸時代が長く続いたのは、家康の「棚からボタモチ戦略」のおかげともいえるのだ。

◆「関ヶ原」を前に有利な状況に

家康の「棚からボタモチ戦略」「ケチケチ戦略」の経済効率の良さは、後年になればなるほど、その効果が如実に表れるようになった。

というのも、本章の冒頭で述べたように、家康は「覇者のジレンマ」に陥ることがないまま、関ヶ原の戦いを迎えているのだ。

家康は、関ヶ原の直前には豊臣家をしのぐ250万石の大大名になっていたが、その版図の大半は家康の直轄領だった。関ヶ原の戦いまで、10万石以上を与えられた家康の家臣はたった3人しかいなかった。井伊直政、榊原康政、本多忠勝である。家康の懐刀と呼ばれた本多正信でさえ、関ヶ原以前には1万石しか与えていなかったのである。

これは家康がケチだったということもあるだろうが、家臣にあまり大きな褒美を与えなくてもいいような「無難な戦争」しかしてこなかったということでもある。

家康は、「無難な戦争」「確実に勝てる戦争」で大きく領地を増やしたので、信長や秀吉のように「版図を拡大すればするほど土地が不足する」という事態に陥っていないのだ。

第六章　なぜ関ヶ原の戦いは数時間で終わったのか

◆家康が抱えていた「江戸」問題

これまで述べてきたように、関ヶ原直前の家康は、領地の広さや動員できる兵員という面から見れば、圧倒的な有利さを持っていた。軍勢の大きさから言うならば、他の大名たちはおろか、豊臣家でも家康には及ばなかったのである。

では家康が軍事面において絶対的に強かったのかというと、実はそうではない。

その一方で、家康にはかなり致命的な弱みもあったのだ。

その弱みとは、「領地が僻地《へきち》だった」という点である。

家康が転封された関東八州というのは、当時の日本では僻地といえる地域だった。

当時、もっとも栄えていたのはやはり近畿であり、大坂、堺、京都だった。特に大坂は、秀吉の都市建設により天下一の都市となっていた。日本中の商業が大坂を中心に回っていたのである。それは、戦国時代当時だけではなく、江戸時代を通じてそうだった。というのも、豊臣が滅んで100年余り後の享保年間になっても、まだ大坂は江戸よりも圧倒的に大きな商都だったのである。

『吹塵録《すいじんろく》』によると、享保11（1726）年の醤油の76％、油の76％、繰綿《くりわた》の100％が大坂からの「輸入」に頼っていたのだ。享保年間に行われた「享保の改革」では、江戸の「大坂商圏からの自立」が大きなテーマともなっていた。江戸は大坂に頼らず、自前の商工業で消費を賄おうというのが、「享保の改革」の目標の一つだったのだ。

もちろん江戸時代の江戸というのは、徳川政権の「首都」であり、幕府が威信をかけて整備してきた都市である。しかし、商工業においては大坂に大きく後れを取り、江戸幕府ができて100年以上たっても、江戸は「大坂なしでは成り立たなかった」のだ。

とするならば、

「関ヶ原当時では、どれほどの差があったか」

ということである。

戦国時代における「商工業の未発達」というのは、たんに文化的に遅れるというだけのことではない。

「軍需物資が調達できない」という軍事的に非常に不利な条件となっていたのだ。
これは、戦国大名にとっては致命的なことでもあった。

◆流通ルートというアキレス腱

家康の抱えていた江戸問題は、「未発展」というだけではなかった。
「流通」に関しても大きな問題を抱えていたのだ。

当時、重要な軍需物資は、西日本のほうが調達しやすかった。海外貿易も西日本を中心に行われていたからだ。

だから、東日本の戦国大名たちは、軍需物資を得るためには、西日本からの流通ルートを確保しなければならなかったのだ。

当時、西日本から東日本への流通ルートというのは、主に次の二つだった。

・瀬戸内海から堺、大坂に集められた物資が、伊勢湾から海づたいに入るルート
・琵琶湖を上って東へ入るルート

当時の物流は海運が主流だったので、どうしても海沿いが重要なルートとなる。

そして、京大坂から日本海側にのびている琵琶湖も、貴重な流通ルートだった。琵琶湖は、

ハイウェイともいえるような存在だったのである。

この二つの主要なルートは、豊臣家が握っていた。

これは家康にとって非常に危険な状態だった。豊臣家と家康の関係が悪化すれば、流通ルートをいつでも遮断される恐れがあったのだ。しかも、この二つの主要ルートを、実質的に管理していたのが、あの石田三成だったのである。

◆当時の軍需物資を支えていた南蛮貿易

特に「堺」は、戦国大名たちにとって非常に重要な地だった。

戦国当時の南蛮貿易というのは、我々が思っている以上に、ダイナミックであり、当時の日本の経済の一角を占めていたのである。

そもそも南蛮貿易というのは「ヨーロッパと日本」の間の貿易だけではない。当時のポルトガル船は、東南アジアを根拠地にし、明や日本を行き来して利ザヤを稼いでいたのだ。

ヨーロッパからの物資を運ぶこともあったが、それはごく一部であり、大半はアジア圏内を行き来していたのだ。日本の商品を東南アジアで売りさばき、東南アジアの商品を日本に持ち込んでくる、というのが彼らの主な商売だった。つまりポルトガル船というのは、いまで言うところの貿易商社のようなものだったのである。

戦国時代前半は、日本の海外貿易は倭寇《わこう》が支配していた。が、明政府の強力な鎮圧により16世紀には倭寇の勢力は急速に衰える。そして倭寇なき後の日本の海外貿易は、ポルトガルが独占する様相となったのだ。


ところで、鉄砲の材料である鉄、鉄砲の弾丸に使われる鉛、火薬の原料となる硝石などは、当時の日本ではまだ生産がされていないか、されていてもごく少量だった。そのため供給が需要に追いつかず、その多くを海外からの輸入に頼っていた。

別府大学客員教授の平尾良光氏らの研究によると、秀吉の九州征伐の戦場跡地である肥後・田中城から出土された鉄砲玉を検査分析したところ、55％が外国産の鉛だったという。田中城は天正15（１５８７）年に起きた肥後一揆の際、一揆軍が立てこもり、秀吉軍から攻められて落城した城である。田中城から出土した鉄砲玉のほとんどは秀吉軍から撃ち込まれたものと見られている。

つまり、秀吉軍の鉄砲玉の半分以上は、その原料が外国からの輸入品だったわけだ。しかも、その産地はタイのソントー鉱山がもっとも多く、37％を占めていた。

これは何を意味しているか？

戦国時代当時、日本は東南アジアとダイナミックな交易を行っており、最重要軍需物資である鉄や鉛の多くはこの交易から得ていたということである。

タイのアユタヤには、日本人の貿易商が多く訪れ、日本人町まであったことが知られているが、この日本人の貿易商の主要な取り扱い商品が鉄や鉛だったのである。

また平尾教授らは、江戸時代に入った寛永14（1637）年に起きた島原の乱の戦場跡地でも同様の検査分析を行っているが、ここでも、鉄砲玉の50％以上が、外国産だった。

しかも、20％がタイのソントー鉱山のものだったという。江戸時代に入り30年が過ぎた時期でも、まだ鉄砲玉の純国産化はできておらず、半分以上を外国産に頼っていたのである。

鉛は日本でも生産されていたが、金銀鉱山などを持たないとできないものである。関ヶ原の戦い当時の家康は関東に移ったばかりであり、甲斐の鉱山も手放していたので、この鉛の調達にも苦労したはずである。

また鉄砲を用いるには、火薬の原料として硝石が必要となる。この硝石は1580年代くらいに国産化されたとされているが、それでも大量生産はできなかったために、江戸時代になるまでは中国や南蛮からの輸入に頼っていたとみられている。

◆三成が「堺」を押さえていたことの重要性

このように戦国時代では、外国交易、特に南蛮貿易を介さなければ、鉄砲の弾薬、火薬の原料などは手に入らなかったのだ。当時の南蛮貿易は、戦国大名たちの鉄砲に関する軍需物資を事実上、独占的に商っていたのである。つまり戦国大名たちは外国交易のルートを持たないと、軍需物資の調達に支障をきたしていたのだ。

そして南蛮貿易の終着点となっていたのが、堺だった。

堺は、当時の日本で最大の貿易港だった。日本国内の物流拠点というばかりではなく、日明貿易の発着港でもあった。海外貿易の港は日本にいくつかあったが、最東に位置しているのが「堺」だった。堺より東には、海外貿易船は入ってこないのだ。

つまり堺を押さえられれば、それ以東の大名には、外国からの武器や弾薬の原料などが入らなくなるということだ。堺を押さえるということは、日本の軍需物資の大半を押さえるということでもある。南蛮船や明から運ばれてくる武器や火薬、日本全国から集められる食糧などが、ここでせき止められることになる。

しかも堺は、外国交易の港というだけではなく、最先端の工業都市でもあった。堺は古くから金属産業が栄えたところで、古代から中世にかけての我が国の鋳物産業の中心地でもあった。そして戦国時代になると、鉄砲の商品価値を目ざとく見つけた堺の商人が、鉄砲製造を始めていた。

その重要な地を、家康の宿敵である石田三成が押さえていたのだ。

前述したように、石田三成は堺奉行を務めたこともあり、石田三成の兄、石田正澄は関ヶ原直前まで堺奉行をしていて、堺商人の顔役的な存在だった。つまりは堺は石田一族によって管理されていたのだ。当然、南蛮船などが運んでくる商品については、チェックを怠らなかったはずである。特に武器や軍需物資については、東国や徳川家などに行かないように目を光らせていたはずだ。

戦国時代では、重要な軍需物資を敵に輸送させないことはよく行われていた。

これは「荷留《にどめ》」「津留《つどめ》」といわれていた。港で荷物を止めることが多かったので「津留」といわれたのだ。現在でいうところの経済封鎖である。

石田三成が、徳川家康に対して「荷留」「津留」を行っていたという具体的な記録は残っていない。しかし、この「荷留」「津留」はかなり一般的に行われていたので、何らかの形で行われていたとみるのが妥当だろう。

実際、関ヶ原の直前、家康が軍需物資の調達に苦労していたことを思わせる記録はいくつも残っているのだ。

◆鉄砲の産地「近江」も三成の支配下に

近江もまた軍需物資を調達する上で、重要な地域だった。

先ほど述べたように、琵琶湖は当時の日本の流通のメインのルートだった。が、近江が重要だったのはこれだけが理由ではない。さらに特殊な事情があったのだ。

実は北近江には「国友村」という重要な兵器工場地域があった。

この国友村は、戦国時代では堺と並んで鉄砲の一大産地だったところである。

国友村は、古代より朝鮮から帰化した鍛冶職人などが住み着いたところで、いわば当時の日本における先進工業地域だった。

戦国時代、ここに鉄砲が伝わり、それはすぐさま製品化された。そのため戦国時代後半では、国友村は鉄砲の一大製造地となったのだ。堺が鉄砲の産地だったことは前項で述べたが、国友村は堺よりもさらに進んだ鉄砲製造地域だったのだ。

国友村には、織田信長が16歳のときに５００挺《ちょう》もの鉄砲を発注したという記録が残っている。この記録はさすがに信長の年齢が若すぎるために、信憑性が疑われている。しかし、信長が早くからこの地から鉄砲を買い付けていたことは、間違いない。

また信長が近江を支配下に置くようになってからは、当然、様々な優遇措置を講じて、鉄砲生産業者たちを抱え込んだ。それは、秀吉にも受け継がれた。

そして秀吉が晩年、この地域を託したのが石田三成なのである。

前述したように石田三成は近江出身であり、しかも関ヶ原の戦いの時点では北近江の領主だった。国友村も石田三成の支配下にあったのだ。

三成は優れた鉄砲鍛冶には知行を与えて抱え込み、新しい鉄砲の開発などに勤しませた。関ヶ原の戦いに使用された三成の鉄砲は、すべて国友村製なのである。

また徳川家康は、関ヶ原の戦いの5カ月前から、家臣の彦坂光正、成瀬正成らを秘かに国友村に遣わして、大砲15門のほか多数の鉄砲、弾丸を発注していた。三成はそれに気づき、製造を中止させたとみられている。

これらのことから考えても、家康は武器や軍需物資の調達には非常に不利だったことは間違いないといえる。

◆家康が小早川秀秋に筑前・筑後を返した最大の理由

このように日本の流通の重要拠点を押さえていた石田三成だが、この少し前まではもっと「凄かった」のである。

前述したように、石田三成は秀吉の生前、筑前・筑後の豊臣直轄領の代官だった。

筑前には「博多」という日本有数の国際貿易港がある。

三成は、博多とは以前から非常につながりがあった。

戦国時代、博多は堺に次ぐ国際貿易港だった。

しかも博多は、堺よりも中国大陸や東南アジアに近い。南蛮船も中国交易船も、堺の前にまず博多に立ち寄ることが多かった。つまり博多と堺を押さえれば、当時の国際貿易はほぼ押さえられるという状況だったのである。

そして、その博多と堺を、石田三成は押さえていたのだ。

つまり、南蛮船や中国交易船から運ばれてくる貴重な武器や軍需物資はすべて、石田三成の管理下にあったも同然なのだ。

当然、「家康にたどりつく物資はほとんどない」という状況になっていた。

家康としては、この状況はどうしても打破しなくてはならなかった。そのため小早川秀秋に筑前・筑後を返還し、石田三成から博多を取り上げたものと考えられる。

つまり家康は、筑前・筑後を小早川秀秋に返還させることで、豊臣家の直轄領を削るとともに、「自分に対する経済封鎖を緩めよう」という目的があったのだ。

小早川秀秋が筑前・筑後の領主になったとしても、博多の交易が家康の思い通りになるものではなかっただろう。しかし石田三成に押さえられているよりは、全然マシだったのである。

もちろん博多を取り上げただけでは、石田三成から経済封鎖を受けているという状況は、それほど大きく変わるものではなかった。

そのため将来のことを思えば、家康はどうしても石田三成を叩く必要があったのだ。

◆「関ヶ原」の謎を経済面から見てみると……

関ヶ原の戦いには、謎がいくつかある。

「なぜ家康はわざわざ三成が挙兵しやすいような状況をつくったのか？」

「なぜ家康は不利な陣形で戦いを始めたのか？」

「なぜ関ヶ原は数時間で終わってしまったのか？」

等々である。

これらは、日本史の大きな謎とされてきた。

しかし、家康の経済面を分析すると、これは決して謎ではないことがわかってくる。

関ヶ原の戦いというのは、家康にとっては、

「強みを最大限に生かし、弱みを最小限にとどめた」

戦いだったのである。

家康の強みは何といっても、大阪図を生かした兵の動員力である。家康の兵動員力というのは10万を超え、他の大名を圧倒するものだった。自分が直接指揮する軍勢がこれほど多いということが、なんといっても家康の強みだった。

前述してきたように豊臣家は、直轄領が分散しており、兵の動員力からみれば家康の敵ではない。しかも秀吉の死後は、家康は豊臣家の経済力を削減し、豊臣家の兵力を削いできた。だから、豊臣家と直接対決しても、家康は十二分に勝てるはずだった。

が、豊臣家の怖いところは、恩顧の大名たちが結束すれば家康をはるかに凌駕するということである。だから、家康は豊臣恩顧大名たちが結束しないように、ありとあらゆる手

を尽くしてきた。朝鮮出兵で疲弊した加藤清正などの豊臣恩顧大名たちに対し、三成を敵視させることで深刻な亀裂を生じせしめた。

これにより、豊臣恩顧大名たちが結束して家康に対峙するという構図は消滅した。

しかし家康には、まだ「軍需物資の不足」という重大な不安要素があった。兵装備が劣り、軍需物資に不安がある家康にとって、もっとも都合のいい戦いとは、「野戦で一気に衝突すること」である。

攻城戦となると、兵装備や軍需物資が大きくものを言う。しかし野戦ならば数が多いほうが有利である。そのため家康は「野戦で一気に決着をつける」という一点に絞って、行動していたものと思われる。

関ヶ原のほとんどの謎は、この観点から見れば解けていくのである。

次項以下で、関ヶ原の謎を一つずつ検証していきたい。

◆なぜ家康は三成に挙兵する隙を与えたのか

「関ヶ原の謎」の最たるものは、なぜ家康は大坂を留守にして会津征伐に行ったのか？というものである。

関ヶ原の戦いは、ざっくり言うと次のような順序で進む。

慶長4(1599)年閏3月　細川忠興、福島正則ら七人の武断派が石田三成を襲撃し、石田三成を佐和山城へ隠居に追い込む。

←

慶長5(1600)年6月　上杉景勝が上洛しないのを口実にし、家康は豊臣秀頼の名のもとに各大名に上杉征伐の号令をかける。家康自らが会津に向けて出陣する。

←

慶長5(1600)年7月　家康が京大坂から離れた隙をついて石田三成が挙兵。三成は他の奉行たちにも働きかけ、家康の討伐を宣言する。

←

慶長5(1600)年9月　家康軍(東軍)と石田三成軍(西軍)が関ヶ原にて激突。

関ヶ原の経緯を見たとき、家康の行動は謎だらけだといえる。

なぜ会津征伐に自ら出陣したのか?

当時の政治の中心は京都や大坂だった。家康が関西を離れることは非常に危険なことだった。せっかく石田三成を追い出し、豊臣政権の中枢に居座ることができたにもかかわらず、家康はその座を投げ出すようなことをしているのだ。

上杉景勝を征伐するにもしても、わざわざ家康自ら行かなくてもよかったはずである。江戸には、徳川家の本隊がいるのだ。江戸にいた息子の徳川秀忠に、徳川本体を率いて征伐に行かせればそれで済んだはずだ。家康が大坂から出発する必要はなかったはずだ。

それは、まるで石田三成に挙兵をさせようとしているかのようにみえる。

しかし、もし家康がわざと石田三成に挙兵させたとして、家康に何のメリットがあったのか、という疑問が残る。

当時、石田三成は中央政権から退けられ、近江の佐和山城に引っ込んでいた。そのままにしておけば、石田三成の中央政権への影響力は激減していくはずだった。普通に考えれば、家康は京都・大坂で豊臣政権の中枢に居座りつづけたほうが、得であり、安全だったはずだ。放っておいても家康の影響力は増していくし、そのうち、豊臣政権の実権を握れる可能性は高かった。

にもかかわらず、なぜ家康は危険な賭けをするような真似をしたのか？

この疑問が、「家康の経済的弱み」という観点から見れば解けてくるのだ。

前述したように、家康は石田三成から「経済封鎖」をされている状況にあった。

石田三成は、中央政権から退けられたとはいえ、まだ堺と琵琶湖を実質的に支配下に置いていた。

この状態が続けば、徳川家は軍備において大きく引けを取ることになる。

豊臣家や石田三成は、最新の兵器、潤沢な軍需物資を得ている。しかし、徳川家にはそれが入ってこない。その差は時の経過とともに、大きくなってしまう。豊臣秀頼が成人するころには、その差は非常に大きく開いていることだろう。そして豊臣秀頼が政権を担うようになり、最新の武器と潤沢な軍需物資を手にして、徳川家に圧力を加えるようになれば……。

天下を狙う家康としては、いまのうちに何とかしておかなければならない。

少なくとも、石田三成はなるべく早く完全につぶしておく必要がある。

しかし、家康が京都・大坂に居座っているうちは、石田三成は絶対に家康に手出しはできないだろう。また石田三成は、いまは中央政権を退き、謹慎しているので、家康のほうから叩きにいくわけにもいかない（大義名分がない）。

そのため、わざと隙をつくり、三成が挙兵しやすい状況にしたのではないか、ということである。


家康は、会津征伐に赴く直前に伏見城を訪れている。当時、伏見城は家康の支配下にあり、家康の家臣の鳥居元忠を城代にしていた。このとき家康は三成の挙兵を当然予想していたと思われる。そして大坂にほど近い伏見城は、まず最初に三成軍の餌食になるはずだった。

家康にとって、伏見城はいわば捨て石だった。家康はその伏見城の城代である鳥居元忠に対し、心苦しく思った。だから、会津征伐に行く前に、伏見城に寄ったのだろう。

そして家康は、

「鉄砲の弾がなくなれば、城に備蓄している金銀を詰めて撃ってもよい」

と述べたという（『慶長年中卜斎記《ねんちゅうぼくさいき》』）。

これは、家康の家臣を思いやる気持ちと、戦いへの覚悟を示したエピソードとして語り継がれている。

が、このエピソードには、大きな疑問が生じないだろうか？

後年の我々の感覚からみれば、鉄砲の弾の代わりに金銀を詰めるくらいならば、その金銀で鉄砲の弾薬を購入したほうがよさそうなものである。だから普通であれば家康の命令は「城の中の金銀をすべて使って、弾薬を購入しろ」となるはずだ。

しかし当時は金銀をもってしても、そう簡単に弾薬は手に入らなかったのだと思われる。三成の経済封鎖がかなり効いていたのではないか、ということだ。つまりこのエピソードは、徳川家の軍需物資が決して潤沢ではなかったことを物語っているのだ。

◆なぜ家康はギリギリまで動かなかったのか

合戦直前の家康の動きにも不可解な点が多々ある。

まず第一に関ヶ原の戦いでは、家康は戦場に到着するまでに、異常に時間がかかっているのである。

家康が会津征伐に向かい、それを見て石田三成が挙兵したのは7月10日ごろのことである。それを受けて家康は、会津征伐に従軍している諸将たちを集め、石田三成の挙兵を説明し、各人の身の振り方を聞いた。いわゆる「小山評定《おやまひょうじょう》」である。これが7月25日のことである。

これにより全国の大名たちが、石田三成の西軍、徳川家康の東軍に分かれて相争うことになった。家康以外の東西両軍の主な大名たちは、7月の時点で出撃し、すでに一部は交戦も開始していた。

しかし家康は「小山評定」の後、江戸に戻ったまましばらく動かなかった。

家康が江戸をようやく出発したのは、9月1日になってからのことである。つまり家康は、東西の両陣営が戦闘状態に入ってから、1カ月以上も江戸を動かなかったのだ。

戦の常道からいえば、より早く出陣したほうが有利である。

相手の態勢が整わない間に、なるべく多くの敵方の支城を落とし、なるべく敵方の本拠地に近いところに迫る、というのがごくごく常識的な戦法である。

しかし家康は、両軍が進撃を開始し、敵が自陣営の城を落とし、自陣営が敵方の城を落とし始めても、なかなか重い腰を上げなかった。

このとき家康は、全国の大名に対して家康陣営に加わるようにという手紙を多数書いている。この「手紙作戦」のために家康は江戸を離れなかったという解釈をされることもある。が、それでは謎が解けたことにはならない。手紙は陣中でも書けるからである。

実際、敵方の総帥の石田三成は、陣中で手紙を書いているし、家康も出陣以降にも手紙作戦を継続して行っている。

では、なぜ家康はこれほど江戸でグズグズしていたのか？

この家康の不可解な行動も、「家康の物資不足」という条件を加味した場合、謎が解けてくるのだ。

物資不足の家康にとって、一番困るのは長期戦になってしまうことである。そして長期戦になるのは、敵が籠城したり陣地をつくって閉じこもってしまうときである。

このとき家康がもっとも恐れたのは、石田三成ら敵の主力が大坂城に籠城してしまうことだったと思われる。石田三成の軍は、かなり装備が充実していたはずだ。日本で最先端の鉄砲工場「国友村」製の鉄砲を、もっとも集めやすい立場にあった。実際、石田軍の鉄砲はすべて国友村製だったといわれていることは前述した。

国友村では、当時の最新兵器だった「大砲」も製造していた。おそらく石田三成は、大名の中では非常に大砲の保有数が多かったものと思われる。

また弾薬やそのほかの軍需物資も、充実していたはずだ。堺と琵琶湖を支配下に置いていたのだから、日本の商業の要を押さえていたことになる。石田三成は、日本でもっとも軍需物資を調達しやすい境遇にいた大名だといえるのだ。

しかも、石田三成は、長い間、豊臣家の広大な直轄領や重要な港の管理をしており、相当の財力もあった。その財力をすべて傾けて、武器など軍需物資の購入に充てているのだ。

家康の医師だった板坂卜斎《ぼくさい》によると、関ヶ原の直後、石田三成の佐和山城が落城したとき、蔵の中には金銀財宝の類はほとんどなかったという（『慶長年中卜斎記』）。

豊臣家の直轄領を仕切っていた石田三成なので、さぞや莫大な金銀を残していると思っていた東軍は当てが外れてしまった。これは、石田三成の清廉さを表すとともに、持っている金銀すべてを軍需物資の購入に充てることができたということも示している。

この装備が充実していた石田三成が城に籠もってしまえば、家康軍はそうそう手を出せない。攻城戦のためには、鉄砲や大砲などが欠かせない。もちろん莫大な量の弾薬等が必要になる。逆に、城側が鉄砲、大砲を潤沢に持っていれば攻め手は甚大な被害に遭ってしまう。もし石田三成が大坂城に籠城してしまえば、当時の家康では到底、落とすことはできなかったはずだ。

実際、関ヶ原から15年後の大坂の陣のとき、家康は征夷大将軍という立場で、入念な準備をし大軍勢を率いて大坂城を攻撃したにもかかわらず、武力のみで落とすことはできなかった。

関ヶ原当時ならば、家康は大坂城にはまったく歯が立たなかったと思われる。だから家康としては、籠城させずに野戦に持ち込まなければならなかった。敵の主力が大坂城に戻れないくらいの場所におびき出す必要があったのだ。

◆なぜ真田は徳川の大軍を足止めできたのか

関ヶ原の戦いの劇的なエピソードとして、上田城の戦い（第二次上田合戦）がある。

徳川軍は、江戸から進軍するとき、東海道ルートと、中山道ルートの二手に分かれた。一つのルートだけでは進軍が遅くなるからである。

東海道ルート軍は、家康が率い、中山道ルートの3万8000は家康の嫡男の秀忠が率いた。

この秀忠が率いた中山道ルート軍は、途中、真田家の上田城で足止めを食ってしまう。信州上田地方の大名だった真田家は、当主の真田昌幸が西軍につき、嫡男の真田信幸は東軍についていた。おそらく家系存続のためだと思われる。

真田昌幸は、信州上田地域を支配する大名だった。もともとは武田信玄傘下の豪族であり、武田家滅亡の後は独立していた。

真田昌幸は機略家であり、徳川、北条、上杉などの大大名に囲まれた地でありながら、彼らを翻弄し自領地を守り抜いてきた。天正13（1585）年には、徳川軍の侵攻を受けたが、寡兵で上田城を守り抜き、徳川軍に大損害を与え撤退させている（第一次上田合戦）。

関ヶ原の戦いの当時は、真田昌幸は次男の信繁（幸村の名で知られている）とともに上田城に籠り、徳川秀忠軍を迎え討った。真田軍の兵はわずか2000。にもかかわらず、3万8000の秀忠軍は攻めあぐねた。それどころか、真田軍は神出鬼没の奇襲攻撃を行い、秀忠軍に大きな打撃を与えた。秀忠軍は、この真田軍との交戦のために、関ヶ原の合戦には間に合わなかった。

3万8000の大軍をたった2000の兵で足止めさせたということで、真田昌幸の名声は一気に高まった。寡兵が大軍を制した会心の戦いとして、当時から様々な文書に記され、現在までも語り継がれている。

この有名な真田の戦いは、実は家康の弱点を如実にさらけ出したものだといえる。

確かに、真田昌幸は稀有な機略家であり、彼の戦術が秀忠軍を翻弄させたものである。が、それにしても3万8000の大軍勢が、たった2000の兵が守る城にてこずり、あげく大損害を被るというのは、いかにも不甲斐なさすぎる。

これには徳川軍の装備が十分でなかったということも、要因の一つとして考えられる。城攻めでは、鉄砲、大砲などの装備が物をいうのだ。いかに真田昌幸といえども、3万8000の軍勢が、大量の鉄砲、大砲などを用いて攻撃してくれば、なすすべはなかったはずだ。が、徳川軍には、これが不十分だったのではないか、ということである。

また秀忠軍は弾薬も十分ではなかったのではないか？　大きな決戦を前にして、真田の小軍に対してそれほど多くの弾薬を費消するわけにはいかなかった。そのため、上田城を攻略できなかったのではないか、ということである。

真田との戦いは、真田昌幸の武将としての優秀さを示すと同時に、徳川軍の装備の不十分さ、軍需物資不足を露呈したものだったとも思われるのだ。

◆なぜ家康は不利な陣形のまま決戦に挑んだのか

関ヶ原の戦いの謎の一つとして、「家康軍（東軍）が非常に不利な陣形で戦いが始まった」ということもある。

関ヶ原合戦の布陣図を見ると、我々のような素人が見ても、西軍が有利だと思われる。関ヶ原付近の丘陵地の高い部分のほとんどは西軍が陣取っていて、東軍はその丘陵地に囲まれた低地の部分にいるのだ。

東軍はまさしく「袋のネズミ」という状態だった。

後年、明治陸軍を指導したドイツの陸軍の参謀メッケルは、関ヶ原の布陣を見て、「これは西軍の勝ちだ」と述べたという。

歴戦の猛者である徳川家康が、そういう不利な状況を知らないはずがない。小牧長久手《こまきながくて》の戦いでは盤石の陣地を築き、秀吉の大軍を寄せ付けなかった家康である。不利な態勢で合戦を始めることがいかに危険なことであるか、十二分に知っているはずだ。

にもかかわらず、家康は「絶対に負ける」というような不利な陣形で戦いを始めてしまった。家康には、それでも勝てるという絶対の自信があったのか？

ご存知のように、関ヶ原の戦いでは、小早川秀秋が戦いの途中で西軍を裏切ることで、ようやく東軍が優勢になった。西軍の中に陣取ってはいるものの、ほとんど戦いに参加しなかった武将も大勢おり、もしこれらの武将がちょっとした気持ちの変化で西軍として働いていれば、東軍は総崩れになる恐れもあった。

結果的に家康の東軍が勝つことができたが、余裕綽々で「予定通りの勝利」を挙げたわけではない。

あの「小早川秀秋の裏切り」も、決して家康の予定通りに事が運んだわけではない。煮え切らずにいつまでも旗幟《きし》を鮮明にしない小早川秀秋に対し、最後は、徳川方から鉄砲を撃ち込んだのである。「裏切らないのなら、戦うぞ」という意思を見せたのだ。それを見て、ようやく小早川秀秋も観念し、東軍についたのである。もし、小早川秀秋が徳川方から鉄砲を撃ちかけられたことに腹を立て、逆に徳川方に攻め込んでいれば、勝敗は逆になっていたかもしれない。

そういうギリギリの戦いだったにもかかわらず、なぜ徳川家康は、不利な陣形のまま合戦に突入したのか？

前項でも触れたように、家康にとってもっとも困るのは、西軍（三成軍）が大坂城に籠もることである。西軍を野戦に誘い出すためには、西軍に有利な態勢を取らせなければならない。西軍にとって有利な陣形でなければ、西軍は合戦に乗ってこない可能性があるからだ。

西軍は不利な陣形になれば、城に引き返す恐れがある。城に引き返されたくない家康としては、「あえて自軍に不利な陣取りを選択したのではないか」ということである。

もちろん、それは家康としては非常に危険な賭けでもあったはずだ。

敵が有利な陣形を生かし、裏切り者を出さずに一致協力して攻撃してくれば、東軍は崩壊する危険もあったからだ。

つまり、家康にとっても、実は「ギリギリの戦い」だったのだ。それほど家康も追い詰められていた、というわけである。

◆なぜ関ヶ原の戦いは数時間で終わったのか

関ヶ原の合戦は、非常に短い時間で終わっている。関ヶ原の戦闘時間は諸説あるが、数時間から長くても14～15時間とされている。いずれにしろ、日をまたいでいないことは間違いない。

これは、実は非常に不可思議なことなのである。

戦国時代というのは、１００年もの間、武将たちが合戦を繰り広げてきた。

そして武将同士の争いというのは、一、二度の合戦で勝負がつくようなことはあまりなかった。何度も大小の合戦を繰り返し、少しずつ趨勢が判明していくことが多かった。

たとえば、上杉謙信と武田信玄の川中島の戦いなどは、足掛け12年、五回もの合戦を繰り返しながら、それでも明確な勝敗はつかなかったのである。

関ヶ原のように両軍合わせて10万を超える兵が激突し、「たった数時間で明確に白黒がついてしまう合戦」というのは、非常に珍しいものだった。

これも、関ヶ原の戦いにおける大きな謎とされてきた。

しかし、「家康の物資不足」という観点から見れば、この謎も解けるのである。

家康は、とにかく戦闘が長引くのは避けたかったはずである。弾薬等が決して十分ではなく装備に劣る家康軍は、長期戦に陥るのは絶対に避けなくてはならない。ましてや、敵が城に逃げ込み攻城戦になってしまうのは、もってのほかだった。

野戦で一気に決着をつけなくてはならない。

そのためには、普通のやり方では無理である。

だから、あえて低地に陣取ったと思われるのである。

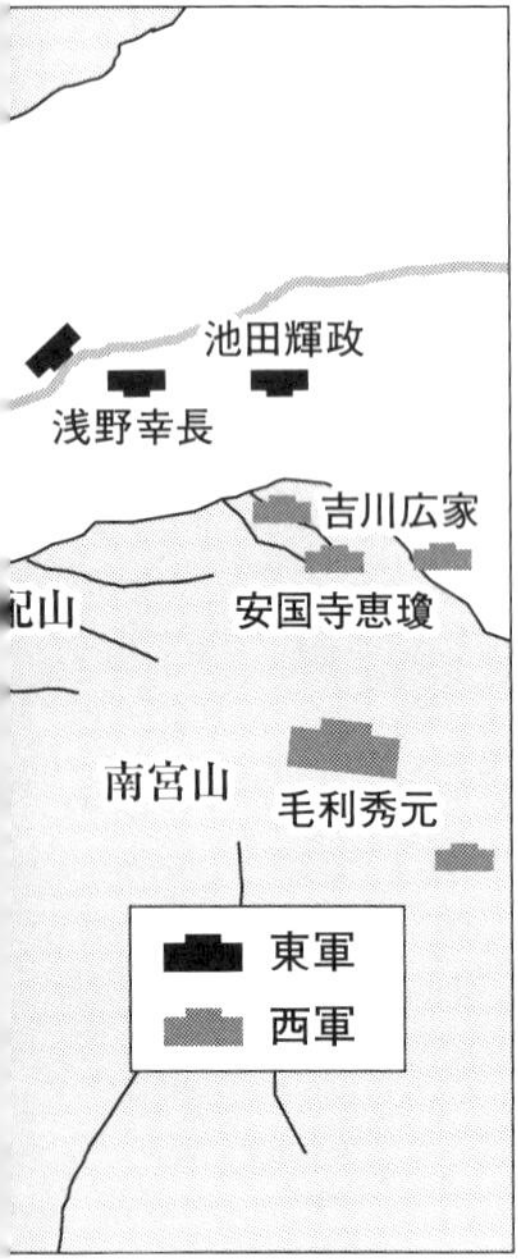

三成軍（西軍）を高地に上らせておけば、彼らが劣勢になっても容易に逃げることはできない。
三成軍（西軍）から見れば、丘陵地など高地に陣を構えたほうが

東軍が不利だった関ヶ原の戦いの陣形

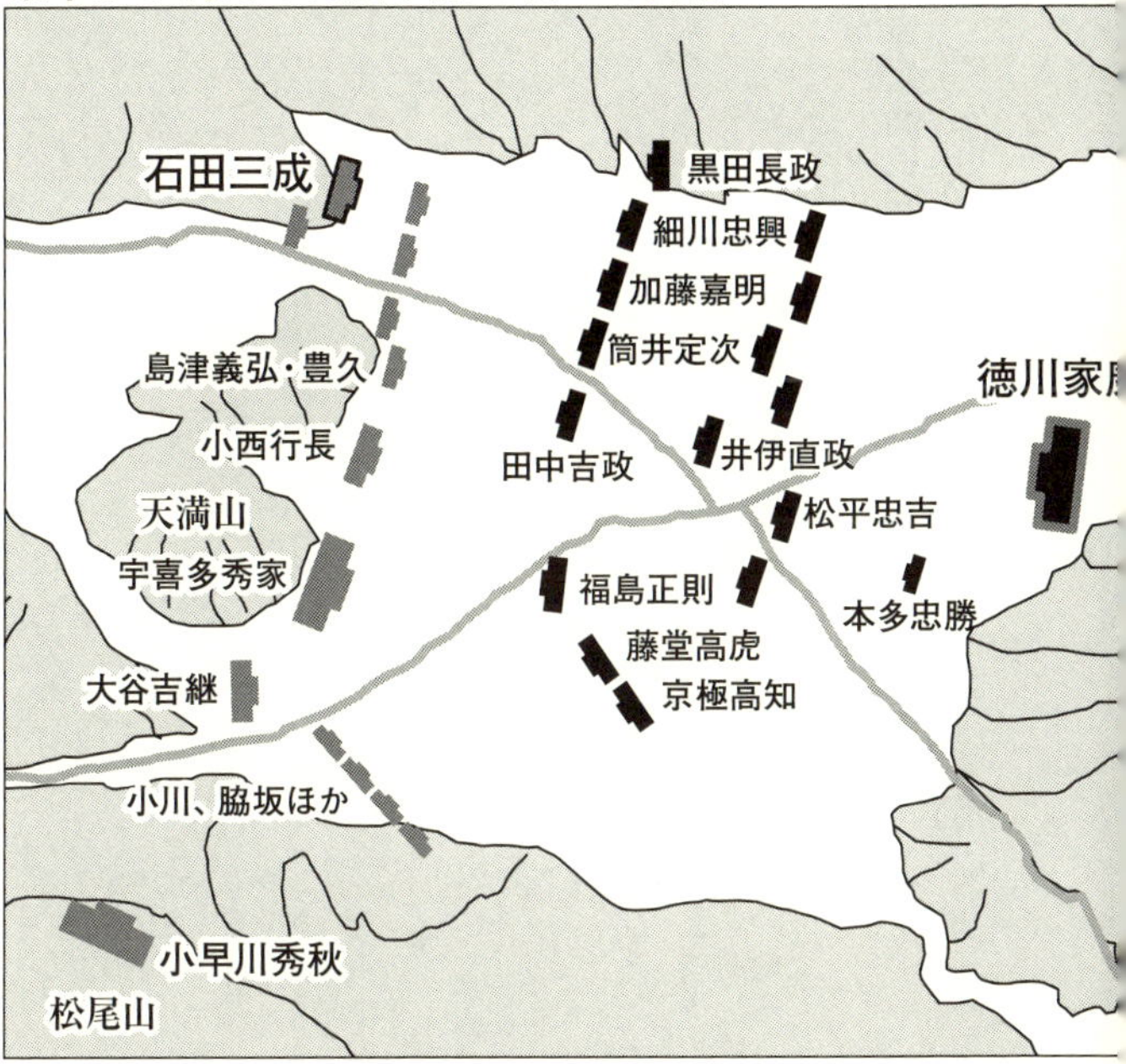

戦闘の上では有利である。が、高地に上ってしまえば、簡単に逃げることができない。逃げるためには降りなければならず、ふもとには敵（東軍）が待ち構えているのだ。

関ヶ原地域の丘陵地は、背後は山岳地帯になっており、山側から逃げ延びるというのは難しい。個々に敗残兵として逃げることはできても、軍勢として逃げることはできない。敗残兵として個々に逃げることは、現地の農民から「落ち武者狩り」に遭うこともあり、非常に危険だった。

だから関ヶ原でいったん高地に陣取ってしまうと、戦闘自体は非常に有利だが、劣勢になったときには逃げるのが非常に難しかったのだ。

三成軍（西軍）としては、当初は「戦いに有利」ということで安易に高地に陣を構えた。しかし、いざ軍勢が崩れ始めて気づいたはずである。「これは逃げ道がない」と。

だから三成軍（西軍）は総崩れになると、逃げるところを敵にバッサバッサとやられてしまうことになった。そのため、あれだけの大軍勢が激突しながら、わずか数時間で片が付き、しかも西軍の主力軍（石田三成、大谷吉継、小西行長など）は、ほぼ壊滅してしまったのだ。彼らは「城に落ち延びて籠城し、再起を図る」ということができなかった。というより、家康がそうさせないように仕向けたのである。

そして家康のほうは、もし劣勢になって総崩れになったような場合は、逃げることができる。だから最悪の場合、江戸に帰って再起を図るということもできたのだ。

家康には、そういう計算があったのではないだろうか。

◆最高に経済効率のいい戦い

関ヶ原の戦いは、家康の「敵を城に逃げ延びさせない作戦」のおかげで最高に経済効率のいい戦いになった。というのも、敵の主力がたった1日でほぼ壊滅してしまったため、ほとんど攻城戦をせずに済んだからだ。

当時は、関ヶ原の戦いに参加していない全国の大名たちも、家康派（東軍）と三成派（西軍）に分かれて戦闘をしたり、城に籠もって敵を迎え撃つ準備をしていた。

が、関ヶ原が短時間で東軍が大勝利を収め、西軍の主力が一瞬で消滅してしまったものだから、全国の西軍の諸将たちは一気に戦意を喪失し、ほとんど抵抗することなく東軍に投降してしまったのだ。

だから、関ヶ原後の東軍は、ほぼ無血開城の形で西軍を降していったのである。

中山道から攻め上っていた徳川秀忠軍3万8000を、たった2000の兵で食い止め天下にその名を知らしめた真田昌幸も、関ヶ原の西軍の敗戦が伝わってからはたいして抵抗することもなく東軍に降ってしまっている。

しかも、西軍の主たる大名たちが一気に消滅してしまったため、家康に広大な版図が転がり込んできたのだ。

家康が関ヶ原で敗れた西軍から没収した石高は、630万石にも上る。

つまりは、わずか数時間の戦いで630万石もの褒賞を得たようなものである。前哨戦を入れても1カ月足らずのことだった。

これほど経済効率のいい戦争は、戦国時代を通じてなかったといえる。

これまでの戦国武将たちは、わずか数万石、数千石の版図を広げるために、何年にもわたって死闘を繰り広げてきたのである。それがたった1日で、日本全土の数分の1にあたるような大版図が手に入ったのだ。

そして、この褒賞の多くを分捕ったのは家康なのである。

家康自身への加増と、身内への加増だけで300万石を超えていた。家康は、関ヶ原の前には、全国の諸将に「自分に味方すれば、○○万石加増する」というような手紙を出していた。しかしその約束の大半は、いろんな理由をつけて反故《ほご》にされた。理由さえ言われずに反故にされたケースも多々ある。

大勝利を収めた家康に対し、もはや「約束が違う」などと盾つく者は誰もいなかったのだ。

そして、家康はこの戦いにより、全国の主要な金山、銀山や、堺などの主要港も手に入れた。石田三成に苦しめられてきた経済封鎖は、これで解かれたのである。

関ヶ原の戦いでは、秀吉恩顧の大名たちも多く家康陣営（東軍）に加わったが、彼らに与えられたのは合計でも200万石程度だったのである。しかも彼らの多くは近畿周辺から、中国、九州、四国などへ転封させられたため、実質的には加増とはいえなかった。

◆「関ヶ原」後、現実主義者の本領を発揮

「秀吉は土地制度を鎌倉以前に戻したいという念願があったために、征夷大将軍にならなかったのではないか」

と前述した。

では、秀吉から天下を引き継いだ家康は、なぜ征夷大将軍を受けたのか？

それは、家康が秀吉のような「武家の土地所有を否定する」というような意識は持っていなかったからではないだろうか。

家康はそれほど強く「国家システムの改造」などへの意欲は持っていなかったので、源氏からの慣習で征夷大将軍になったのではないかと思われるのだ。

しかし家康は、だからといって、鎌倉以来続いてきた「土地問題」をそのまま放置するというわけではなかった。というより、信長や秀吉が進めてきた土地改革については、ちゃっかり利用しているのだ。

具体的に言うと「大名の転封」である。

前述してきたように、武家というのは土地に根付いて生きてきたものであり、鎌倉から戦国時代までは転封という概念がなかった。転封という制度を事実上つくったのは信長である。信長以前にも小規模な配置換えはあったが、大名クラスの武家が領地を丸ごと入れ替えられるというのは、信長が始めたものなのだ。

この転封という制度は、信長、秀吉の時代には武家から強い反発があったが、家康の時代にはある程度、定着していた。そのため家康は、この転封という制度を徳川政権を守るために、うまく利用したのである。

江戸時代の大名は、幕府の命令一つで転封されるという「鉢植え大名」となった。家康は「武家の土地所有は一時的なもので、いつでも配置換えされる」という秀吉や信長の大改革の恩恵だけは上手に享受しているのだ。

だからといって家康は、信長、秀吉のような「どんな大名でもいつでも転封される」というようなドラスティックな制度改革は行わなかった。島津、毛利、前田というような強い大名に対しては、無理に転封は行わなかったのである。

現実主義者、家康の本領発揮というところである。

おわりに――「関ヶ原」の経済的影響は現代にまで続いている

「関ヶ原の戦い」は、徳川家康に天下を取らせるとともに、その後の日本に大きな影響を与える戦いになった。

江戸時代は武家政権の中では断トツで長い267年も続いた。

これは関ヶ原の戦いの影響が大きいのである。

本文で述べたように、関ヶ原の戦いという経済効率の高い戦争により、家康は親藩も含めると800万石という広大な版図を手にした。

また徳川幕府は、全国の主な鉱山を直轄地にし、貨幣の鋳造権を原則として独占した。主要な港湾も幕府が接収し、流通も支配した。

徳川家の次に大きい大名家は前田家の120万石である。徳川家に到底楯突けるものではない。徳川の長期政権は、この圧倒的な経済力によるところが大きいのである。

徳川幕府が滅びたのも、関ヶ原の影響がある。

明治維新を主導した薩摩藩、長州藩というのは、関ヶ原で西軍についている。西軍についた大名のほとんどは、関ヶ原の後か、江戸時代の中で取りつぶしの憂き目にあった。が、薩摩藩と長州藩は強大な藩であり、取りつぶすには激しい抵抗が予想されたため、現実主義者の家康は、両藩を存続させた。

結局、両藩は、徳川政権に対して、ある種の恨みを持ち続け、幕末には他の藩のような躊躇をせずに討幕運動を行ったのである。

また現在、日本の首都が東京になっているのも、関ヶ原の戦いのためだといえる。

関ヶ原の戦いで天下を取った家康は、政務の場所を京都から江戸に移した。そして諸大名たちの妻子を人質として江戸に住まわせることを義務付けた。そのため日本全国の大名たちが、江戸駐留費や参勤交代の旅費等で江戸に巨額の金を落とすことになり、江戸は世界有数の巨大都市になったのである。

こうしてみると、歴史事件というのは個々に起きるのではなく、様々な事件が連綿と続いているものだということがわかる。そして歴史事件の背後には、だいたい経済的な要因が大きく絡んでいる。そういう経済と歴史の結び付きの面白さを伝えたいというのが、本書の大きな執筆動機でもあった。

最後に、青春出版社の中野氏をはじめ、本書の制作に尽力いただいた皆様にこの場をお借りして御礼を申し上げます。

２０１８年初頭

著者

主な参考文献

『九州と豊臣政権』藤野保編　九州近世史研究叢書
『近世初期大名の身分秩序と文書』黒田基樹著　戎光祥出版
『江戸と江戸城』鈴木理生著　新人物往来社
『江戸と江戸城』内藤昌著　講談社学術文庫
『家康入国』水江漣子著　角川選書
『大航海時代の日本と金属交易』平尾良光、飯沼賢司、村井章介ほか著　思文閣出版
『石田三成のすべて』安藤英男編　新人物往来社
『史伝　石田三成』安藤英雄著　白川書院
『加藤清正のすべて』安藤英男著　新人物往来社
『小西行長』島津亮二著　八木書店
『豊臣政権の権力構造』堀祐一著　吉川弘文館
『石田三成からの手紙』中井俊一郎著 サンライズ出版
『信長公記』太田牛一原著・榊山潤訳　ニュートンプレス
『日本史』ルイス・フロイス著・柳谷武夫訳　東洋文庫
『イエズス会・日本年報』雄松堂出版
『甲陽軍鑑』佐藤正英訳　ちくま学芸文庫
『徳川氏の研究』戦国大名論集12　吉川弘文館
『長宗我部氏の研究』戦国大名論集15　吉川弘文館

参考文献

『島津氏の研究』戦国大名論集16　吉川弘文館
『織田政権の研究』戦国大名論集17　吉川弘文館
『戦国の地域国家』有光友學編　吉川弘文館
『天下統一から鎖国へ』堀新著　吉川弘文館
『戦国大名と一揆』池享著　吉川弘文館
『戦国大名の兵糧事情』久保健一郎著　吉川弘文館
『流通経済史』桜井英治・中西聡編　山川出版社
『近江から日本史を読み直す』今谷明著　講談社現代新書
『湖の国の中世史』高橋昌明著　平凡社
『戦国大名』黒田基樹著　平凡新書
『日本生活文化史4』河出書房新社
『日本生活文化史5』河出書房新社
『日本史小百科「貨幣」』瀧澤武雄・西脇康編　東京堂出版
『日本史小百科「租税」』佐藤和彦編　東京堂出版
『近世城郭の研究』加藤隆著　近世日本城郭研究所
『天下統一と城』千田嘉博・小島道裕編　塙書房
『戦国城下町の研究』小和田哲男著　清文堂
『織田信長』脇田修著　中公新書
『今川義元』小和田哲男著　ミネルヴァ書房

『三河物語』日本思想体系26　岩波書店
『織豊期検地と石高の研究』木越隆三著　桂書房
『戦国・織豊期の都市と地域』小島道裕著　青史出版
『中世人の生活世界』勝俣鎮夫編　山川出版社
『戦国期の政治経済構造』永原慶二著　岩波書店
『中世日本商業史の研究』豊田武著　岩波書店
『戦国織豊期の貨幣と石高制』本多博之著　吉川弘文館
『貨幣と鉱山』小葉田淳著　思文閣出版
『国民生活史研究2』伊東多三郎編　吉川弘文館
『中世の寺社勢力と境内都市』伊藤正敏著　吉川弘文館
『講座日本荘園史』池上裕子著　吉川弘文館
『戦国時代の荘園制と村落』稲葉継陽著　校倉書房
『信長の天下所司代』谷口克広著　中公新書
『堺鉄砲』堺市博物館
『鉄砲伝来の日本史』宇田川武久編　吉川弘文館
『火縄銃・大筒・騎馬・鉄甲船の威力』桐野作人著　新人物往来社
『日本中世の流通と対外関係』佐々木銀弥著　吉川弘文館
『南蛮船貿易史』外山卯三郎著　大空社
『堺と博多』泉澄一著　創元社

参考文献

『沈没船が教える世界史』ランドール・ササキ著　メディアファクトリー新書
『金銀貿易史の研究』小葉田淳著　法政大学出版
『越境する貨幣』歴史学研究会編　青木書店
『海外貿易から読む戦国時代』武光誠著　ＰＨＰ新書
『信長と十字架』立花京子著　集英社新書
『天下一統』日本の歴史12　中央公論社
『百姓から見た戦国大名』黒田基樹著　ちくま新書
『戦国・織豊期の徳政』下村信博著　吉川弘文館
『東国の戦国争乱と織豊権力』池享著　吉川弘文館
『戦国大名の日常生活』笹本正治著　講談社
『雑兵たちの戦場』藤木久志著　朝日新聞社
『毛利氏の研究』藤木久志編　吉川弘文館
『戦国大名と一揆』池享著　吉川弘文館
『信長・徹底分析17条』小和田哲男著　ＫＴＣ中央出版
『秀吉の経済感覚』脇田修著　中公新書
『天下統一と朝鮮侵略』池亨編　吉川弘文館
『文禄・慶長の役』中野等著　吉川弘文館
『秀吉の天下統一戦争』小和田哲男著　吉川弘文館

青春新書
INTELLIGENCE

こころ涌き立つ「知」の冒険

いまを生きる

"青春新書"は昭和三一年に——若い日に常にあなたの心の友として、その糧となり実になる多様な知恵が、生きる指標として勇気と力になり、すぐに役立つ——をモットーに創刊された。

そして昭和三八年、新しい時代の気運の中で、新書"プレイブックス"にその役目のバトンを渡した。「人生を自由自在に活動《プレイ》する」のキャッチコピーのもと——すべてのうっ積を吹きとばし、自由闊達な活動力を培養し、勇気と自信を生み出す最も楽しいシリーズ——となった。

いまや、私たちはバブル経済崩壊後の混沌とした価値観のただ中にいる。その価値観は常に未曾有の変貌を見せ、社会は少子高齢化し、地球規模の環境問題等は解決の兆しを見せない。私たちはあらゆる不安と懐疑に対峙している。

本シリーズ"青春新書インテリジェンス"はまさに、この時代の欲求によってプレイブックスから分化・刊行された。それは即ち、「心の中に自らの青春の輝きを失わない旺盛な知力、活力への欲求」に他ならない。応えるべきキャッチコピーは「こころ涌き立つ"知"の冒険」である。

予測のつかない時代にあって、一人ひとりの足元を照らし出すシリーズでありたいと願う。青春出版社は本年創業五〇周年を迎えた。これはひとえに長年に亘る多くの読者の熱いご支持の賜物である。社員一同深く感謝し、より一層世の中に希望と勇気の明るい光を放つ書籍を出版すべく、鋭意志すものである。

平成一七年

刊行者　小澤源太郎

著者紹介

武田知弘〈たけだ ともひろ〉

1967年福岡県生まれ。西南学院大学経済学部中退。91年に大蔵省に入省し、バブル経済崩壊後の日本経済の現場をつぶさに見て回る。99年退官後は、出版社勤務等を経て、本格的に執筆活動をスタート。経済的な視点から歴史に新たな光を当てることに定評がある。主な著書に『「桶狭間」は経済戦争だった』(小社刊)のほか、『教科書には載っていない 戦前の日本』(彩図社)、『ヒトラーの経済政策』(祥伝社新書)、『織田信長のマネー革命』(SB新書)などがある。

経済《けいざい》で謎《なぞ》を解《と》く
関《せき》ヶ《が》原《はら》の戦《たたか》い

青春新書
INTELLIGENCE

2018年2月15日 第1刷

著者 武《たけ》田《だ》知《とも》弘《ひろ》

発行者 小澤源太郎

責任編集 株式会社プライム涌光

電話 編集部 03(3203)2850

発行所 東京都新宿区若松町12番1号 〒162-0056 株式会社青春出版社

電話 営業部 03(3207)1916 振替番号 00190-7-98602

印刷・中央精版印刷 製本・ナショナル製本

ISBN978-4-413-04532-2